2028 거리에서
서점이 사라진다면

일러두기

국내 독자의 수월한 이해를 돕기 위해 편집자의 각주를 추가로 표기하였습니다.

- 편집자주
* 저자주

우리에게
서점이란 무엇인가

마인드
빌딩

2028 거리에서 서점이 사라진다면

고지마 슌이치 지음 | 양필성 옮김

서점 소멸의 시대에 재생과 발전을 위한 역설

류영호 교보문고 팀장·《출판혁명》저자

도발적인 제목의 《2028 거리에서 서점이 사라진다면》은 일본의 서점업계와 출판 문화의 미래를 다루는 책입니다. 그렇다면, 일본의 여러 거리에서 서점(오프라인 중심)은 실제로 사라질까요? 아무도 장담할 수 없지만, 출판사와 서점을 중심으로 한 출판 생태계의 위기가 심화한다는 전제에서 경각심을 강조한 것으로 보입니다. 일본 출판문화산업진흥재단JPIC의 2024년 3월 시점 조사에 따르면, 전국 지자체의 27.7%에서 서점이 하나도 없는 '무無서점' 상태이며, 1개 서점 이하의 지자체 비율은 47.4%입니다. 그 배경으로는 인터넷 통신 판매, 전자 서적의 보급, 인구 감소 등의 복합적인 요인을 들고 있습니다. 통계 조사에서도 볼 수 있듯이 일본의 서점 소멸 현상은 가속화되고 있습니다.

이 책은 일본의 출판 산업과 문화 전반의 현재와 미래를 다루고 있습니다. 디지털화와 온라인 서점의 성장으로 인해 전통적인 서점의 위기를 반영하고 있습니다. 원서의 부제에 있는 '서점재생!本屋再生!'에서 알 수 있듯이 서점의 미래를 위한 해결책을 모색하기 위해 출판계, 작가, 서점 운영자, 문화 평론가 등 다양한 분야의 전문가 29명이 서점 산업의 재생과 발전을 위한 아이디어와 메시지를 담고 있습니다.

'거리에서 서점이 사라진다'는 표현은 단순히 사업체의 폐업을 넘어서, 거리 문화와 독서 문화 전반의 변화를 의미합니다. 책의 제목은 부정적인 미래를 예측하지만, 동시에 이러한 미래를 방지하기 위한 해결책을 모색하는 내용이 포함되어 있음을 암시합니다. 이 책은 우리가 살고 있는 시대의 변화를 예리하게 통찰하고, 그 변화를 통해 인간, 문화, 그리고 책이라는 매체의 의미를 깊이 성찰하는 중요한 기록입니다. 출판 전문가인 저자는 빠르게 변화하는 기술과 소비 패턴 속에서 전통적인 서점이 어떻게 자리를 잃어가고 있는지 보여줍니다. 나아가 그 공간이 단순한 판매처가 아니라 사회적, 문화적 연결의 장플랫폼이었음을 강조합니다.

서점이 사라지고 있는 이유는 생각보다 단순하지 않습니다. 이에 대한 나름의 해답을 찾기 위해 일본 출판계 전문가들이 실명/익명으로 각자의 입장에서 서점에 대해 깊이 있는 이야기를 했습니다. 저자의 언급대로 출판계 대형 기업의 관계자가 참여하지 못한 점은 아쉬움으로 남겨두어야겠지만, 업계의 최전선에서 분투하는 사람들의 목소리를 담은 점은 이 책의 핵심이자 강점입니다.

이 책은 과거와 현재를 냉철히 분석하는 동시에, 미래에 대한 희망을 놓지 않습니다. 디지털 플랫폼이 주류가 된 세상에서 종이책과 서점이 가지는 새로운 가능성을 모색합니다. 이를 통해 독자, 출판인, 그리고 사회 전체가 함께 고민해야 할 질문을 던집니다. 그리고, 서점의 역할을 단순히 경제적인 관점에서 보는 것을 넘어 그 안에서 이루어지는 인간적 교류와 공동체의 형성이 얼마나 중요한지 알려줍니다.

서점은 단지 책을 사고파는 장소가 아니라, 사유와 대화, 그리고 꿈을 키우는 공간입니다. 이 책은 이러한 서점의 소중함을 재조명하고, 변화의 한가운데서 우리가 놓치고 있는 가치가 무엇인지 알려줍니다. 더불어, 독서 문화의 미래에 대해 고민하는 사람들에게 깊은 영감을 줄 것입니다.

이 책은 일본의 출판계와 서점의 문제만을 다루는 것이 아니라, 더 넓은 의미에서 일본의 출판과 독서 문화의 미래에 대해서도 고찰하고 있습니다. 여기에서 주목할 만한 점은 이 책이 제시하는 해결 방안입니다. 온라인과 오프라인의 공존, 지역 커뮤니티 중심의 새로운 서점 모델, 그리고 독자와의 관계 재정립 등 현실적이고 구체적인 제안들은 출판계 종사자들에게 유익한 지침이 될 것입니다.

한국 서점업계의 상황도 일본과 크게 다르지 않습니다. 큰 틀에서 출판과 독서 문화 전반에 대대적인 변화가 필요한 시기입니다. 한국과 일본의 출판 유통 구조의 차이로 인해 문제점 개선과 중장기적 정책 개발 방향에 차이가 있을 수도 있습니다. 그럼에도 서점의 소멸, 디지털 시대로의 전환 등 출판계를 둘러싼 전반적인 시장 환경은 대동소이합니다. 이는 전 세계의 출판 산업에서 공통으로 볼 수 있는 현상이며, 그에 맞는 대응 전략과 실행이 필요합니다.

최근 생성형 인공지능AI이 본격화되면서 도서를 포함한 다양한 출판 콘텐츠가 급속하게 양산될 전망입니다. 온라인과 오프라인, 디지털과 아날로그를 구별하지 않고 유통됨에 따라 전통적인 서점의 역할도 달라질 것입니다. 그렇다면, 출판계는 "어떻게 변화와 혁신을 추진해야 할 것인가?"에 대한 질문의 해답을 이 책에서 찾아볼 수 있습니다. 물론, 누구나 쉽게 따라 할 수 있는 답안은 아니므로 각자의 상황에 맞게 최적화해야 합니다.

서점과 책을 사랑하는 모든 사람에게 《2028 거리에서 서점이 사라진다면》을 강력하게 추천합니다. 한국 서점업계와 출판 생태계에 일본의 현황과 사례는 타산지석他山之石으로 충분히 삼을 만합니다. 이 책을 읽고 나면 서점이라는 공간을 쉽게 지나치지 못할 것입니다. 서점이 단지 상점이 아닌 우리의 삶과 정신을 풍요롭게 하는 문화의 심장이었음을 공감할 수 있기 때문입니다. 이 책은 출판과 서점의 위기 속에서도 희망을 발견하고, 변화하는 시대에 맞는 새로운 비전을 제시합니다. 우리가

지켜야 할 독서 문화의 본질적 가치를 다시 한번 일깨워 줄 것
입니다.

일본 출판계가 던지는 경고와 희망의 메시지
정영진 안산 대동문고 상무

우리는 지금 출판과 서점이 위기에 직면한 시대를 살아가고 있
습니다. 급변하는 디지털 환경 속에서 종이책과 오프라인 서점
의 입지는 점점 좁아지고 있습니다. 이런 상황에서 일본에서 출
간된 《2028 거리에서 서점이 사라진다면》은 우리에게 경종을
울리는 동시에, 희망의 메시지를 전달하고 있습니다.

　　이 책은 출판, 유통, 서점 등 일본 출판 산업 전반의 문제점
을 날카롭게 짚어내며, 서점이 살아남기 위해 우리가 무엇을 해
야 하는지 진지하게 고민합니다. 29명의 전문가가 제시하는 통
찰과 제언은 일본뿐만 아니라 한국을 비롯한 많은 나라의 출판
관계자들에게 깊은 울림을 줄 것입니다.

　　특히 주목할 점은 일본 정부와 사회가 서점 문제 해결을
위해 적극적으로 나서고 있다는 사실입니다. 경제산업성이 주
도하는 서점 활성화 정책, 언론의 지속적인 관심 등은 우리에게

시사하는 바가 큽니다. 반면 유사한 위기 상황임에도 뚜렷한 대책이 보이지 않는 한국 출판계의 현실을 되돌아보게 합니다.

한강 작가의 노벨문학상 수상으로 한국 문학에 대한 세계적 관심이 높아진 지금, 정작 국내 서점가는 위기를 맞고 있습니다. 거대 자본을 가진 대형 유통사들이 책을 독점하면서, 지방 서점과 동네 책방들은 설 자리를 잃어가고 있습니다. 이는 단순히 서점의 문제가 아니라, 지역 문화와 다양성의 문제이기도 합니다.

《2028 거리에서 서점이 사라진다면》은 이런 위기의 시대에 우리가 무엇을 해야 할지 진지하게 묻고 있습니다. 저자는 서점이 단순히 책을 파는 공간을 넘어, 지역 공동체의 문화적 거점이 되어야 함을 강조합니다. 또한 출판사, 작가, 독자, 정부 등 모든 이해관계자가 협력해야만 서점이 살아남을 수 있다고 역설합니다.

이 책이 한국에서도 널리 읽히기를 바랍니다. 일본 출판계의 경험과 고민은 우리에게 많은 시사점을 줄 것입니다. 무엇보다 한국 출판 산업이 직면한 위기를 극복하고, 지속 가능한 출판 생태계를 만들어가는 데 이 책이 이바지할 수 있기를 기대합니다.

서점은 우리 삶에 없어서는 안 될 소중한 존재입니다. 책을 매개로 사람들이 만나고, 지식과 감성을 나누는 공간입니다.

우리가 서점을 지키는 일은 곧 우리 문화와 정신을 지키는 일입니다. 《2028 거리에서 서점이 사라진다면》이 던지는 물음에 우리 모두가 진지하게 답해야 할 때입니다.

이 책이 한국 출판계에 새로운 변화와 혁신의 바람을 불러일으키는 계기가 되기를 진심으로 바랍니다. 책과 서점, 그리고 독자가 함께 만들어가는 더 나은 내일을 꿈꾸며, 이 책을 추천합니다.

독서 생태계의 다양한 구성원이 함께 살기

이정은 쩜오책방 대표 · 전국동네책방네트워크 사무국장

2023년 일본출판문화진흥재단이 한국을 방문했을 때 쩜오책방에 찾아와 많은 질문을 던졌습니다. 왜 마을 사람들이 협동조합이라는 형태로 책방을 열게 되었는지, 안정적인 수익이 확보되는지, 책방 문을 열기 위해 도서 판매 이외에 어떤 마을 사업을 하는지 등등. 그 이후로 책방 문을 여는 사람으로서 늘 자문하게 됩니다. 나는(정확히는 우리 조합원들은) 왜 책을 파는가, 왜 책읽기를 권하는가?

《2028년 거리에서 서점이 사라진다면》이라는 책을 소개받

앉을 때 제목만 읽고는 드디어 나올 것이 나왔다는 느낌이었습니다. 책을 멀리하는 사람들이 늘어나고 얼어붙은 주머니 사정 속에서 골목을 지키는 책방은 하나 둘 사라져 갈 수밖에 없는 것인지, 걱정스런 마음으로 책을 펼쳤습니다. 책에는 비관적 상황만이 담겨져 있지 않았습니다. 지금의 상황, 불안한 미래 속에서 출판사의 역할, 유통 구조, 서점인의 변화 등등 씨줄과 날줄로 얽힌 독서 생태계 시스템 속 각자의 고민과 저자의 해결 방안 등이 담겨져 있습니다.

우리나라와는 다른 납품 시스템이다 보니 세세한 고민이나 해결 방법은 다를 것입니다. 직거래, 도서정가제 폐지 등등 저자가 주장하는 해결 방안에 찬성하는 것도 아닙니다. 그러나 이 책에 나온 사례를 통해 우리의 문제점을 직시하고 독서 생태계의 다양한 구성원이 각자 도생이 아닌 함께 살기에 힘을 모은다면 좋겠다는 생각을 합니다.

동네 책방이 먼저 손을 내밀면 좋겠다는 작은 욕심도 살짝 부려봅니다.

"어리석음이란,
같은 일을 반복하면서
다른 결과를 바라는 것이다."

알버트 아인슈타인

한국어판 발간에 감사하며

서점의 위기는 전 세계적인 현상입니다. 그러나 한국과 일본의 서점 환경에는 몇 가지 공통점과 차이점이 존재합니다. 두 나라 모두 도서의 '재판매가격유지제도'를 시행하고 있으며, '위탁판매제도'도 운영하고 있습니다. 하지만 한국의 출판물에는 일본의 소비세에 해당하는 부가가치세가 면제된다는 점이 차이점입니다. 또한, 출판문화산업진흥법에 따라 공공도서관이 지역 서점에서 도서를 구매하도록 권장하는 것도 한국만의 특징입니다. 이러한 제도들은 정부의 출판계 지원을 통해 국민이 책을 보다 저렴하게 구매할 수 있는 기반을 마련하고 있습니다.

한국에서도 온라인 서점의 성장으로 오프라인 서점이 급감했지만, 최근에는 독립 서점을 중심으로 다양한 노력이 결실을 맺으며 다시 증가세를 보이고 있습니다. 반면, 일본의 서점 수는 지난 30년 동안 지속적으로 줄어들었고, 최근 들어 그 감소 속도가 더욱 가속화되고 있습니다.

이 책에서는 일본의 서점 경영 환경이 얼마나 어려운지 출판계 관계자 28명과의 인터뷰를 통해 구체적으로 다루었습니다. 또한, 서점 재생을 위한 해법과 미래에 대한 희망을 함께 제시하고자 했습니다.

서점 재생에 있어 일본이 한국에게 배울 점이 많지만, 이 책이 한국 독자들에게도 유익한 이유는 두 가지입니다. 첫째, '국경을 넘어 서점의 경영 경쟁력은 여전히 취약하며, 서점 문제는 출판계의 지혜를 모아 해결해야 할 과제'라는 점과 둘째, '새로운 서점 비즈니스에 관한 다양한 아이디어'를 제시하였다는 점입니다. 한국의 서점 환경에서도 참고할 수 있기를 기대합니다.

일본 경제의 30년 장기 침체와 서점 산업의 위축이 동시에 일어난 것은 과연 우연일까요? 한국의 출판 공공기관의 책임자는 인터뷰에서 이렇게 지적했습니다. "행정 지원에는 한계가 있으며, 지속 가능한 서점이 필요합니다. 국민이 찾지 않는 서점은 존재할 수 없습니다." 그는 또한 "지역 서점은 단순한 판매 공간을 넘어 문화 시설로서 중요한 사회적 역할을 합니다"라는 메시지를 남겼습니다.

인터넷 정보는 빠르지만 신뢰성이 떨어지는 '일회성 정보'인 경우가 많습니다. 반면, 책은 오랜 시간 축적된 지식을 담고 있는 '축적형 정보'입니다. 현대의 디지털 사회에서도 책을 통한 독서는 인간의 지적 자산을 풍부하게 하며, 이는 국가 발전에도 중요한 역할을 할 것입니다.

　이 책에서 언급된 교육 부재가 일본 출판계만의 문제인지, 아니면 한국에도 해당되는 문제인지는 한국 출판계 관계자 여러분의 판단에 맡기겠습니다.

　제 이전 저서도 한국어로 번역된 바 있습니다. 한국어판 제목은 《서점을 살려라!》*입니다. 이 책은 제가 경험한 서점 재생 사례를 바탕으로 쓴 비즈니스 소설로, 다양한 개성을 지닌 등장인물들이 마케팅, 경영, 코칭 등 여러 비즈니스 스킬을 활용해 침체된 기업을 재건하는 이야기를 담고 있습니다. 이 책도 읽어주시면 감사하겠습니다.

　책과 서점을 사랑하는 한일 양국의 독자들이 이 책을 통해 서로에 대한 이해를 깊게 할 수 있다면, 저자로서 더할 나위 없는 기쁨입니다. 한국의 서점들이 여러분과 함께 성장하고 번영해 나가기를 진심으로 기원합니다.

* 《서점을 살려라!》, 고지마 슌이치, 이수은 옮김, 현익출판, 2024

목차

제2부 주목받는 개성적인 서점에서 볼 수 있는 희망

제3부 출판업계 3대 과제는 '공급률', '물류', '교육'

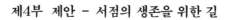

제4부 제안 - 서점의 생존을 위한 길

머리말

서점의 내일을 걱정하는 당신에게

이 책을 읽어주셔서 감사합니다. 아마도 이 책을 선택한 당신은 책을 매우 좋아하거나, 출판업계에 종사하는 분일 것입니다. 그렇다면 한 번 상상해 보세요. 거리에서 서점이 모두 사라져 버린 날을 말입니다.

서점들이 거리에서 사라져 가는 이유가 무엇이라고 생각하십니까?

이 질문에 대해, 저자인 제가 '서점을 죽이는 범인이 누구인가'를 찾아내려는 것은 아닙니다. '출판사가 문제다', '서점에 책임이 있다', '중개업자 잘못이다', '독자들이 활자에서 멀어지고 있다'... 이러한 주장들이 각각 일부는 사실일 수 있지만, 서점이 사라지는 이유는 그렇게 간단한 문제가 아닙니다.

이 문제의 답을 찾기 위해 일본에서 처음으로 출판업계 전문가들이 실명(또는 일부 익명)으로 각자의 관점에서 서점에 대해 뜨

겁고 진지한 이야기를 들려주었습니다. 독자 여러분과 함께 일본 출판계의 현실을 살펴보며, 이 질문에 대한 답을 찾아가고자 합니다.

이 책을 끝까지 읽으시면, 왜 거리에서 서점들이 계속해서 사라져 가는지 알게 될 것이며, 동시에 서점의 미래에 대한 희망도 발견할 수 있을 것입니다.

출판이라는 미궁 속으로 오신 것을 환영합니다.

제1부

서점을 둘러싼 어려운 현실

제1화

왜 거리에서 서점이 계속 사라지는가

❋

취업 준비 중인 조카 사토시가 오랜만에 찾아왔다. 나에게 조언을 구하고 싶은 게 있다고 했다.

"삼촌, 안녕하세요. 정말 오랜만이에요. 누나 결혼식 이후 처음 뵙네요. 잘 지내셨죠? 갑자기 찾아와서 죄송한데, 취업 준비 중이라 삼촌의 조언을 듣고 싶어서 왔어요."

"그래, 오랜만이다. 내가 아는 선에서 뭐든지 이야기해 줄게. 어느 분야에 취업하고 싶니?"

"저는 책을 좋아해서 서점에 취업하고 싶어요. 그런데 출판업계가 불황이라던데, 주위에서 서점에 대해 부정적인 얘기만 하더라고요. 삼촌은 오랫동안 일본 서적 도매상의 양대 산맥 중 하나인 토한TOHAN에서 일하시고, 서점 사장도 하셨으니까 서점의 진실을 아실 것 같아 찾아왔어요."

"그렇구나. 그럼 서점에 대해 최대한 사실에 근거해서 이야기해 볼게. 마침 여러 사람에게 출판업계의 현재와 미래에 대해 이야기를 들을 기회가 있었거든. 그걸 참고하면 도움이 될 거야."

"정말 잘됐네요. 고맙습니다. 첫 번째 질문은, 서점에 미래가 있을까요?"

"첫 질문부터 핵심을 찌르는구나."

"당연하죠. 직업에 관한 중요한 문제니까 진지하게 여길 수밖에 없죠."

"그렇겠지. 그럼 단도직입적으로 대답할게. 서점이 지금처럼 변하지 않고, 출판업계도 그대로라면 서점에 미래는 없어."

"정말요?"

"조금 충격일 수 있겠지만, 사실이야. 종이 출판물의 매출은 1996년에 2조 6,564억 엔으로 정점을 찍은 이후 계속 감소해서, 2022년에 그 절반인 1조 1,292억 엔으로 줄었어. 서점 수도 2만 5,000개로 가장 많았던 때와 달리 2022년에는 1만 1,000개로 줄어들었지. 도서카드• 리더기가 설치된 매장은 7,530개에 불과해."

"그건 듣던 것보다 더 심각한 상황이네요."

"학교 교과서의 전자단말기화도 본격화되고 있어서, 이대로라

• 일본의 도서카드는 주로 서점에서 사용할 수 있는 선불형 상품권으로, 책을 구매할 때 현금 대신 사용할 수 있습니다. 도서카드는 일반적으로 서점 체인에서 발행하며, 일본 전역에서 널리 사용됩니다. 한국의 문화상품권과 유사한 역할을 하지만 가장 큰 차이점은 책만 구매할 수 있다는 점입니다.

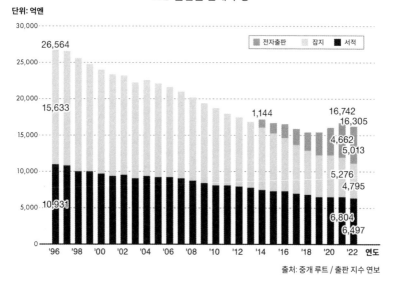

표1 출판물 판매 추정

단위: 억엔

凡例: 전자출판 / 잡지 / 서적

26,564

15,633

10,931

1,144

16,742

16,305

4,662

5,013

5,276

4,795

6,804

6,497

'96 '98 '00 '02 '04 '06 '08 '10 '12 '14 '16 '18 '20 '22 **연도**

출처: 중개 루트 / 출판 지수 연보

표2 매장을 가진 서점 수 추이

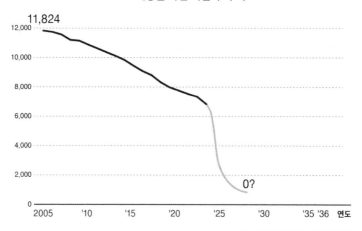

11,824

0?

2005 '10 '15 '20 '25 '30 '35 '36 **연도**

※2024년 이후의 수치는 저자의 추정치
출처: <출판지표연보2023> 출판과학연구소

면 틀림없이 2028년까지 대부분의 서점은 일본에서 사라지게 될 거야. 2022년 9월 기준으로 전국 1,741개의 지방자치단체 중 456개 시정촌에 서점이 없는 상태야."

"그렇구나. 역시 서점 취업은 포기해야겠네요."

"잠깐, 그렇게 서둘러 결론 내릴 필요는 없어. 내가 '이대로라면'이라고 말했잖아."

"그게 무슨 뜻이죠?"

"카메라 업계를 생각해 봐. 예전에는 카메라 가게가 곳곳에 있었지만, 지금은 거의 없어졌지? 그런데도 요도바시 카메라나 빅카메라는 장사가 잘되고 있잖아. 그리고 자파넷 타카타도 원래는 나가사키현 히라도의 타카타 카메라점에서 시작한 거고."

"그렇군요."

"그들은 시대의 흐름에 맞춰 판매하는 상품이나 방식에 변화를 주면서 살아남은 거야. 예를 들어, 술집은 편의점으로, 약국은 드럭스토어로 바뀌었잖아?"

"일본 산업의 핵심인 자동차 산업도 마찬가지야. 기존 가솔린차에서 EV전기차로 전환 중이지. 이런 변화에 대응하지 못하면 결국 사라지게 될 거야."

"그러네요."

"게다가, 애플도 자동차를 개발하고 있다는 이야기가 들려오고, 파나소닉이나 소니도 자동차를 만들지도 몰라."

"애플카 타보고 싶어요. 그런데 삼촌, 카메라나 자동차 이야기가 서점이랑 무슨 관계가 있나요?"

"과거 출판업계는 시대의 최첨단에 있었어. 책과 잡지를 통해 시대를 반영하고, 유통 시스템을 만들어 안정적이고 저렴한 물류망을 전국적으로 구축했지. 지역 서점들은 각자의 색깔과 특성을 담아 지역 독자들에게 책을 판매했어. 그 시절 출판계는 자부심이 넘쳤고, 업계 전반에 활기가 가득했지."

"그랬던 서점들이 어쩌다 이 지경이 된 거죠?"

"그건 가격 경쟁이 없는 '재판매가격유지제도재판제도再販制度)'•와 상품을 자유롭게 반품할 수 있는 '위탁제도'••에 안주했기 때문이야. 이 제도들은 책이 잘 팔리던 시대에는 적합했지만, 지금은 그렇지 않으니까."

"재판매가격유지제도와 위탁제도가 서점을 어렵게 만들었다고요?"

- • 재판매가격유지제도는 출판사가 책의 가격을 정하면, 서점은 이를 마음대로 변경하지 못하는 제도입니다. 일본에서 책의 가격이 고정되는 이유가 바로 이 제도 덕분입니다. 이는 출판 문화 보호와 책 가격의 안정성을 유지하기 위한 목적으로 시행되었으며, 가격 경쟁을 방지해 출판 산업을 보호하는 역할을 해왔습니다. 한국에서는 2002년 이 제도를 폐지하고 2003년 새롭게 도입하여 2014년 한 차례 개정한 '도서정가제'가 적용되고 있습니다. 일본의 도서 재판매가격유지제도는 출판물의 가격 유지에 더욱 엄격하며, 그 적용 범위가 광범위한 반면, 한국의 도서정가제는 일정 부분 할인(최대 10%)을 허용하는 유연함이 있습니다. 두 나라 모두 출판 산업 보호를 목표로 하지만, 소비자 선택권과 가격 경쟁에 있어서 차별적인 접근을 취하고 있습니다.
- •• 위탁제도는 일본의 도서 유통에서 중요한 요소로, 서점은 판매되지 않은 책을 도매상이나 출판사에 반품할 수 있도록 하는 제도입니다. 이는 서점의 재고 부담을 덜어주지만, 반품률이 높아지면 도매상과 출판사의 수익성이 나빠집니다. 한국에서는 이와 유사한 '환매 조건부 판매' 방식이 존재했으나 현재는 대부분 폐지된 상태입니다.

"그래, 재판매가격유지제도가 서점 경영을 악화시켰고, 위탁제도는 도매상과 출판사의 경영을 피폐하게 만들었지."

"하지만 재판매 제도 덕분에 서점은 가격 경쟁에서 벗어날 수 있고, 위탁제도 덕분에 서점이 책을 안심하고 들여올 수 있는 거 아닌가요?"

"역시 서점 취업을 생각하는 대학생답게 공부를 꽤 했구나. 이 재판매 제도와 위탁제도는 서적이나 잡지 판매가 증가하던 시기에는 유효했지만, 지금처럼 책이 잘 팔리지 않는 시대에는 오히려 악영향을 미치는 제도가 되고 있어."

"그렇군요."

"사토시, 결산서에 대해 알아?"

"아니요. 전혀 몰라요."

"현대를 살아가는 비즈니스맨이라면 결산서와 코칭, 프로그래밍은 필수적으로 알아야 해. 나도 프로그래밍은 잘 모르지만 말이야."

"뭐예요? 그럼 신뢰가 떨어지잖아요."

"원래 그런 거야. 그래도 결산서는 기업을 이해하는 데 정말 중요한 자료야. 서점 경영에 관한 이야기도 최대한 쉽게 설명할 테니까 걱정 말고 들어. 만약 더 깊이 알고 싶다면, 얼마 전에 내가 쓴 소설 《서점을 살려라!》를 참고해도 좋아. 내가 지방 서점을 되살리려 했던 실제 경험을 바탕으로 쓴 책이니까."

"1,000엔짜리 책을 팔았다고 가정하자. 그 책을 770엔에 들여왔다면, 차액 230엔이 이익이 되겠지. 이걸 총이익 또는 총영업이익이라고 불러. 그러면 여기서 매출총이익률은 몇 퍼센트일까?"

"230엔 ÷ 1,000엔, 즉 23%요!"

"정답이다! 이제 이 총이익에서 경비를 제외해야 해. 경비는 인건비나 임대료, 수도·광열비 등을 말해. 이 총이익에서 경비(판매관리비)를 뺀 게 영업이익이야. 여기까지 이해됐지?"

"네, 단순한 계산이니까요."

"그러면, 이익 230엔에서 경비가 200엔이 들었다고 가정하면, 230엔에서 200엔을 뺀 30엔이 영업이익이 되는 거야."

"뭔가 생각보다 간단하네요. 자세한 건 삼촌 책을 보면서 공부할게요."

"고맙다. 기업 경영에서 중요한 건 경비를 잘 관리해서 흑자를 내는 거야. 내가 시코쿠의 에히메현 마쓰야마에서 서점을 경영할 때도, 항상 매출에 대한 경비율을 신경 쓰면서 경영했지."

"음, 그럼 매출에 대비해서 경비는 어느 정도가 적당한가요?"

"서점의 경우, 매출 대비 인건비는 10%, 임대료는 6%, 수도·광열비는 약 1.4% 정도가 적정하다고 본다."

"생각보다 세밀하게 관리했네요. 삼촌 성격에 그런 모습은 잘 안 어울리는데요?"

"무례한 녀석 같으니라고. 서점의 수익이 적기 때문에, 경비를 꼼꼼하게 관리하지 않으면 이익을 낼 수 없거든. 그런데 최근 인플레이션 때문에 경비가 올라서, 목표로 삼았던 경비율이 초과됐어."

"그럼 지금 서점의 수익 상태는 어떤가요?"

표3 주요 서점 실적[1]

단위 : 억엔

	결산 발표시기	매출액	전년 대비	영업 이익	영업 이익률	경상 이익
기노쿠니야서점(단독)	2023년 8월	1,002	103.5%	7.0	0.70%	23.0
기노쿠니야서점 판매총괄본부	2023년 8월	433	100.4%	?	?	?
마루젠준쿠도 매장 인터넷 사업부	2024년 1월	662	99.9%	3.5	0.53%	?
유린도[2,3]	2023년 8월	520	99.6%	2.4	0.46%	2.9
미라이야서점	2023년 2월	452	93.1%	-6.0	-1.33%	-6.2
톱 컬처	2023년 10월	189	91.7%	-8.0	-4.24%	-8.9
세몬간서점	2023년 6월	182	94.2%	-0.4	-0.24%	-0.6
산요도 홀딩스	2023년 3월	178	94.4%	-2.6	-1.46%	-2.2
분쿄도 그룹 홀딩스	2023년 8월	154	93.8%	0.7	0.5%	1.0
리라이러블	2023년 3월	142	100.6%	4.2	2.9%	4.1

※1 : 이익은 파악 가능한 범위 내에서 표기   출처 : 공개된 정보를 바탕으로 저자 작성
※2 : 당기순손실 1,256만 엔
※3 : 서적·잡지 부문만 영업 실적 수치 비공개

"이 자료(표3)를 한번 볼래? 주요 서점 체인의 경영 상황이야."

"모든 서점 체인이 매출 대비 영업이익률이 마이너스네요."

"맞아. 기노쿠니야 서점●은 2023년 8월 말 결산에서 역대 최고 매출과 이익을 기록했지만, 도서 판매만 놓고 보면 일본 내 매장 판매 부문은 충분한 이익을 내지 못한 것으로 추정돼(기노쿠니야 서점은 일본 내 매장 판매 부문만의 손익을 공개하지 않았으므로 저

● 기노쿠니야 서점은 일본의 대표적인 대형 서점 체인 중 하나로, 국내외에 많은 매장을 운 영하고 있습니다. 일본 내 매출은 점차 감소하고 있지만, 해외에서 상당한 수익을 내고 있 는 것이 특징입니다.

자의 추정치임). 마루젠준쿠도[*]는 2024년 1월 말 결산에서 회사 전체로는 소폭의 매출 증가와 이익 증가를 보였지만, 매장 및 인터넷 판매 부문에서 매출 대비 영업이익률은 0.53%에 불과해. 기노쿠니야 서점과 마루젠준쿠도는 도서관 판매나 외상거래로 이익을 보충하고 있어. 기노쿠니야 서점은 해외에서도 상당한 이익을 내고 있지. 유린도[**]는 2023년 8월 말 결산에서 영업 손실을 기록했어. 서적 매출은 전체의 약 40%에 불과하고, 나머지 60%는 문구나 잡화, 비품 인테리어 같은 다른 품목 판매로 보충하고 있지."

"꽤 심각한 상황이네요."

"나는 상당히 걱정돼. 2023년에 서적 판매를 주업으로 하는 임대 매장을 운영하는 서점 중 흑자를 기록한 곳이 있는지 의문이야."

"그렇군요. 그럼 삼촌은 왜 이렇게 서점 경영이 어려워졌다고 보세요?"

"나는 서점 자체의 경영 노력이 부족했다고 생각해. 경영의 실패는 업계 탓이 아니라 자기 책임이야. 어떤 업종이든 마찬가지야. 카메라 가게 예시에서 보듯이, 상품의 매력이 떨어지면 새로운 상품을 찾아내야지. 그게 바로 경영이지."

"뭔가 어렵네요."

- 마루젠준쿠도는 마루젠과 준쿠도가 합병한 서점 체인으로, 일본 전역에 많은 매장을 두고 있습니다. 주로 도서와 문구류를 판매하며, 최근 도서관 납품 및 온라인 판매가 주요 수익원이 되고 있습니다.
- • 유린도는 일본의 또 다른 서점 체인으로, 서적 판매 외에도 문구류와 인테리어 상품 등을 판매하며 경영을 유지하고 있습니다.

"사토시, 마케팅이란 말 들어봤지?"

"물론 들어봤죠. 그런데 잘은 몰라요."

"내 책 《서점을 살려라!》에도 자세히 설명되어 있으니까 나중에 한 번 읽어보도록 해. 간단히 말하면, 마케팅이란 소비자 입장에서 상품이 자동으로 팔리도록 만드는 구조를 말하는 거야."

"그래도 잘 모르겠어요."

"다시 말해서, '어떻게 팔고, 무엇을 팔고, 누구에게 팔 것인가'를 고객의 니즈에 맞춰 변화시키는 게 마케팅이야."

"그 말은, 예전 방식 그대로, 서점을 방문하는 고객에게, 책만 파는 서점은 마케팅이 부족하다는 뜻인가요?"

"정확해!"

"그럼 서점은 어떻게 해야 하죠?"

"책 이외의 매력적인 상품을 찾아내고, 도매상이 추천하는 것만 팔지 말고, 직접 상품을 발굴해 팔아야 해. 그리고 반품할 수 있는 상품만 고집하지 말아야 해. 거기서부터 시작이야."

"서점들이 문구류나 CD, DVD 같은 것도 판매하고, DVD 렌탈도 하잖아요."

"그건 도매상이나 대형 렌탈 체인에서 소개받은 상품이지, 자신들의 안목으로 직접 고른 상품이 아니야."

"사토시, 넌 서점이 가진 가장 큰 자산이 뭐라고 생각해?"

"뭐죠?"

"나는 지역 고객들의 신뢰라고 생각해."

"신뢰요?"

"그래. 서점은 지역 고객들의 신뢰가 남아 있는 동안, 마케팅의 기본으로 돌아가서 새로운 '판매 상품'을 찾아내고, 기존에 없던 '판매 방법'을 개발하며, 새로운 '판매 대상'을 개척해 나간다면 반드시 살아남을 수 있을 거라고 생각해."

"삼촌 말은 이해가 가지만, 저한테는 실망스러운 얘기네요. 저는 서점이 책을 파는 곳이라서 서점에서 일하고 싶은 건데, 책이 아닌 다른 상품이 중심이 된다면 서점에서 일하고 싶지 않아요."

"그렇지. 사토시 네가 느끼는 게 대부분의 서점 직원들이나 사장들의 생각일 거야. 서점이 망하는 건 경영 노력의 부족도 있겠지만, 현재의 서점 구조에서 책만 팔아서는 사업을 유지하기 어려워졌기 때문이기도 해."

"그건 또 무슨 뜻이죠?"

"만약 네가 소매점 사장인데 이익이 나지 않으면 어떻게 할래?"

"당연히 비용을 줄여야죠. 그다음에는 매입가를 낮추려고 노력할 거고, 판매가를 올리려고 하겠죠."

"맞아. 서점도 이미 비용 절감을 위해 극한의 노력을 하고 있어. 그런데 문제는 서점은 책의 매입가를 낮출 수도 없고, 판매 가격을 올릴 수도 없다는 거야."

"그러고 보니, 책 가격은 매장이든 인터넷이든 어디서나 똑같네요. 그게 삼촌이 말한 재판매가격유지제도인 거죠?"

"맞아. 이 재판매 제도 때문에 서점은 책 판매가를 마음대로 결정할 수가 없지."

"그럼 매입처와 매입가는 협상할 수 있나요?"

"서점의 매입처는 토한이나 닛판 같은 도매상*인데, 한 번 정해진 매입 조건은 쉽게 바꾸기 어려워. 게다가 도매상들 자체도 적자를 보고 있어서(2022년 기준, 토한은 10억 엔, 닛판은 약 30억 엔 적자), 서점에 매입 조건을 더 좋게 해줄 여력이 없어. 협상은 사실상 불가능해."

"그럼 서점도 지금까지는 이 조건으로도 이익을 내왔던 거 아닌가요? 제가 아르바이트하는 편의점의 이익률은 약 30%라고 들었어요. 그런데 서점은 매출총이익률이 23%밖에 안 되네요. 그렇다면 편의점은 계속 번창하고 새로운 점포가 생기는데 서점은 망해가고 있는 건 순전히 이익률 차이 때문인가요?"

"그 문제의 열쇠는 '상품 회전율'에 있어."

"상품 회전율이 뭔지 대충 알 것도 같아요."

• 일본은 한국에 비해 서적 유통에 있어서 도매상의 역할이 현저히 큰 시장 구조를 가지고 있습니다. 그중에서도 토한(TOHAN)과 닛판(일본출판판매日本出版販売)이 일본 서적 유통을 양분하고 있습니다(일본의 대표적 서적 도매상). 토한은 1949년에 설립되어, 2023년 말 기준 매출 1,002억 엔, 영업이익 23억 엔(0.7%)를 기록하였습니다. 닛판은 1949년에 설립되어, 2024년 1월 기준 매출 662억 엔, 영업이익 23억 5,000만 엔(3.5%)을 기록하였습니다. 일본 출판 유통 시장에서 토한이 약 40%, 닛판이 약 30~35%의 시장 점유율을 차지하고 잇으며, 그 외 소규모 도매상이 25~30%를 차지하고 있습니다. 최근에는 온라인 서점이나 대형 서점이 자체 유통망을 구축하여 직접 거래를 하는 경우도 늘어나고 있지만, 여전히 일본의 서적 유통 시장에서 토한과 닛판의 영향력은 강력합니다.

"매출이 3,000만 엔인 가게에서 재고 금액이 1,000만 엔이면, 3,000만 엔 ÷ 1,000만 엔 = 3회전."

"매출을 재고 금액으로 나누는 거군요."

"그럼 편의점 상품 회전율은 얼마나 될 것 같아?"

"음… 잘 모르겠어요."

"편의점의 평균 재고는 800만 엔 정도고, 월 매출이 1,900만 엔이라면 한 달에 약 2.4회전, 연간으로는 28.8회전이지. 그럼 서점의 상품 회전율은?"

"편의점의 절반인 14회전 정도요?"

"완전히 틀렸어! 서점은 연간 3회전밖에 안 돼. 그마저도 예전보다도 낮아져서 이제는 2회전이야."

"와, 그렇게 낮아요?"

"맞아. 소매점이 상품을 팔아서 얼마나 수익을 내는지를 나타내는 지표 중에 '교차비율'이라는 게 있어."

"처음 들어봐요. 그것도 《서점을 살려라!》에 나오는 내용인가요? 간단하게 설명해 주세요."

"교차비율은 가게의 수익성을 나타내는 지표야. 예를 들어, A가게가 매출총이익률이 30%이고, 상품 회전율이 6회전이면 30% × 6회전 = 180%가 돼. B가게는 매출총이익률이 23%, 상품 회전율이 3회전이라면 23% × 3회전 = 69%. 어느 가게가 수익성이 더 좋을까?"

"A가게요."

"맞아. 공식은 '매출총이익률 × 상품 회전율 = 교차비율'이야. 서점은 23% × 3회전 = 69%. 반면, 편의점은 30%(본사 로열티 포함) × 28.8회전 = 864%. 서점과는 비교가 안 돼. 소매업의 교차비율이 최소 100%는 되어야 하는데, 서점의 69%는 소매업 중에서도 가장 낮은 수준이야."

"그렇다면 서점의 상품 회전율을 높일 방법은 있나요?"

"서점에서 상품 회전율이 가장 높은 것은 잡지이고, 그다음이 만화책이야. 이건 쉽게 상상이 가지? 동네 서점의 경우, 매출의 절반은 잡지와 만화책이 차지하고 있거든."

"그렇군요."

"안타깝게도 잡지는 미디어로서의 미래가 그리 밝지 않아. 폐간하는 잡지도 많아지고 있고, 만화책 역시 예전만큼 판매가 잘되지 않지. 서점에는 매일 도매상이 보낸 책이 도착하고, 지급은 보통 45일 후에 하게 돼. 하지만 월간지의 경우 1개월 이내에 팔리거나 팔리지 않은 잡지는 반품해서 현금화할 수 있어. 주간지도 마찬가지. 서점은 이런 방식으로 현금을 확보해왔는데, 잡지가 팔리지 않으면서 상품 회전율이 떨어지고, 이익도 감소하며, 결국 현금을 확보할 수 없게 되었어. 그래서 서점이 책만 취급해서는 망할 수밖에 없는 거야."●

● 일본 출판사들의 서적 유통 방법 : 한국의 출판사들은 도매상을 통해 서적을 유통하는 비중보다 대형 서점이나 온라인 서점과 직거래를 하는 비중이 훨씬 큰 편입니다. 이와 달리 일본의 출판사들은 여전히 도매상을 통해 대부분의 서적을 유통하고 있습니다. 일본의 서적 도매상의 양대 산맥이라 불리는 토한과 일본출판판매(통칭, 닛판)가 시장의 대부분

"서점인데 책만 팔아 이익을 내는 게 정말 어렵군요."

"맞아. 정말 심각해. 그래서 걱정이야. 동네 서점이 사라지는 것은 지역 사회, 더 나아가 국가 차원에서도 반드시 피해야 할 일이라고 생각해."

"그럼 서점이 계속해서 책을 팔기 위해서는 어떻게 해야 할까요?"

"우선 현 상황을 생각해 보자. 출판물 배송망은 매우 정교하게 구축되어 있어, 이는 잡지 유통을 전제로 하고 있지. 서점 경영도 잡지가 안정적으로 팔리는 것을 기반으로 하고 있어."

"그런데 그 구조 전체가 무너지기 시작한 거군요."

"맞아. 그래서 도매상도 잡지가 없는 출판 유통을 새롭게 재구축해야 하는 상황에 직면했고, 서점도 책만으로 이익을 낼 수 있는 구조를 만들어야 해."

"삼촌, 이야기가 너무 커졌네요. 결론적으로 저는 서점에 취업하는 게 좋을까요?"

"변혁의 시기야말로 기회를 잡을 수 있는 시기야. 여기서부터는 내 지식과 경험만으로 다 설명해 줄 수 없으니까, 출판계의 현자들에게 취재한 이야기를 들려줄게."

을 차지하고, 출판사와 서점 사이에 개입하여 서적 유통 전반에 관한 문제를 처리합니다. 한국의 경우 서점과의 직거래가 많기 때문에 개별 책에 관해 서점에서 요청하는 일이나 발생하는 문제를 출판사가 직접 해결해야 하는 경우가 많지만, 일본의 경우 중간에 도매상이 있기 때문에 그러한 문제들을 크게 신경 쓰지 않아도 됩니다. 물론 도매상이 상대적으로 막강한 힘을 가지고 있기 때문에 출판사와 서점은 도매상의 의견을 따를 수밖에 없는 경우도 많습니다.

"고맙습니다. 기대되네요. 그 이야기를 듣고 나서 제 취업에 관한 결정을 내리도록 하겠습니다."

"사토시, 너한테 먼저 물어보고 싶은 게 있어. 책을 다루는 일을 하고자 하는 목적이 뭐야? 이유가 아니라 목적 말이야."

"목적이요? 이유는 책을 좋아하기 때문인데, 목적은 솔직히 생각해 본 적이 없어요."

"그렇구나. 명확한 목적이 없으면, 지금부터 할 이야기가 그저 술자리 잡담처럼 끝나버릴 수 있어. 어느 출판사 대표가 모임에서 했던 말이 기억나네."

"어떤 이야기였죠?"

"그 대표는 '내일 먹을 밥조차 없는 아이들에게도 도서관에서 책을 읽게 해주고 싶다'라고 말했어."

"서점인들의 모임에서 도서관을 장려한 이유는 뭘까요?"

"그 대표는 책이 가지고 있는 무한한 가능성을 진심으로 믿고 있었고, 책이 가정환경이 어려운 아이들에게 미래를 개척할 수 있는 무기가 되어줄 것이라고 확신하고 있었던 것 같아. 그래서 당장의 이익보다 더 먼 미래를 내다보며 그런 말을 하지 않았나 싶어. 사토시, 너는 무엇을 위해 책을 다루는 일을 하고 싶은 거니?"

"삼촌, 그 질문은 물론 나를 향한 것이기도 하지만, 책을 다루는 모든 사람에게 던지는 질문 같다는 생각이 드네요."

지방자치단체에 서점이 없거나 사라질
위기에 처한 관계자 여러분께

서점을 둘러싼 상황은 앞서 설명드린 바와 같습니다. 만약 여러분의 자치단체에서 서점을 유치하고자 한다면, 다음 사항을 고려해 주시면 서점이 오래 생존할 가능성이 높아집니다.

① 자치단체 내의 학교 도서관, 공공 도서관에 책을 납품받을 때 그 지역에 매장이 있는 서점과 '책 정가 구매 수의계약'*을 맺는다. 장비나 서지 데이터는 경쟁 입찰을 통해 도입한다.

② 초등학교, 중학교 교과서 및 부교재의 납품 역시 지역 내 서점과 '책 정가 구매 수의 계약'을 체결한다.

③ 자치단체와 공립 병원 등 지방세로 운영되는 모든 시설에서 책을 구매할 때도 해당 서점에서 '정가로 구입'한다.

④ 이와 같은 내용을 지방 자치 조례로 정하고, 어느 서점을 선택할지는 단순한 가격 입찰이 아닌 매장 면적, 재고 금액, 취급 상품 및 서비스, 영업시간, 휴무일 등의 요소를 종합적으로 고려해 경쟁 입찰을 통해 결정한다. 계약 기간은

* 이 계약 방식은 일본의 지자체가 도서 구매 시 정가로 책을 매입하는 방식으로, 반품이 불가능합니다. 즉, 지자체는 출판사나 도매상으로부터 책을 정가로 구매하고, 할인이나 가격 협상이 이루어지지 않습니다. 이러한 계약은 도서 가격의 투명성을 보장하고, 출판사와 서점의 안정적인 수익을 보장하는 한편, 공공 기관이 필요한 자료를 원활하게 확보할 수 있도록 합니다.

최소 5년에서 최대 10년으로 설정한다.

어떻게 생각하시나요? 서점을 지키기 위해 세금을 직접 투입하는 것보다, 이 방법이 더 합리적이라고 생각됩니다. 한 번 검토해 볼 만하지 않습니까?

이 책의 부족한 점

이 책은 서점 관계자, 출판사 관계자, 작가, 그리고 출판업계 종사자들을 대상으로 취재하여 저자가 초고를 작성한 후, 각 취재원의 확인을 거쳐 수정하고, 편집자의 조언을 받아 완성했습니다. 그러나 일본의 양대 서적 도매상인 토한과 닛판 두 대표에게는 몇 차례 취재를 시도했음에도 불구하고 응답을 받지 못했습니다.

따라서 이 책에서 유통 관련 부분은, 저자가 토한에서 오랫동안 재직하며 얻은 경험과 공개된 데이터 및 관련자들의 이야기를 토대로 최대한 사실적으로 기술했습니다만, 당사자들의 직접적인 인터뷰가 이루어지지 않았다는 한계가 있습니다. 그만큼 이 책에서 도매상과 관련된 의문이나 제언은 주저 없이 자유롭게 기술했음을 양해 부탁드립니다.

제2화

서점이 사라지면 출판사도 사라진다

✳

"사토시, 이제부터는 출판계의 명망 있는 인사들의 이야기를 해볼 게."

"기대되네요."

"먼저 나고야에 본사를 두고 72개의 체인점을 운영하는 산요도三洋堂의 가토 카즈히로加藤和裕 씨 이야기로 시작해 볼게. 가토 씨는 서점의 현황과 문제점을 제기하며 활발히 활동하고 있는 분이야. 상장 기업의 사장이면서도 서점업계의 위기를 진심으로 느끼고, 열정적으로 목소리를 내고 있지. 내가 인터뷰를 요청했을 때도 그 취지를 잘 이해해 주셨고, 자료도 많이 제공해 주셔서 다 담기 어려울 정도로 이야기를 들을 수 있었어. 가토 씨는 음악을 사랑하고 기타도 연주하며 술도 즐기는 멋진 분인데, 출판계 이야기를 할 때는 굉장히 날카로운 시각을 가지고 있었지."

"출판계에 대해 잘 모르는 저도 이해할 수 있을까요?"

"물론이지. 기초부터 다시 정리해 볼까? 책은 출판사가 만들고, 토한과 닛판 같은 '도매업자'에게 넘겨줘. 그러면 도매업자가 서점에 공급하고, 서점은 그 책을 독자들에게 판매하는 거야."

"음, 알겠어요."

"그리고 서점은 도매업자로부터 책을 받아 판매할 뿐만 아니라, 자율적으로 주문도 할 수 있어. 팔리지 않은 책은 다시 도매업자에게 반품할 수도 있고, 일부 전문서적이나 의학서는 예외지."

"그게 바로 위탁제도죠."

"맞아. 그리고 책의 판매 가격은 출판사가 결정하고, 서점은 임의로 가격을 변경할 수 없어."

"그게 바로 재판매가격유지제도재판제도군요."

"정확해. 이제 '공급률'●에 대해서도 설명해 줄게. 예를 들어, 1,000엔짜리 책이 있다고 해보자. 출판사가 도매업자에게 700엔에 넘기면 공급률은 70%가 되는 거야. 도매업자가 서점에 770엔에 넘기면, 서점의 공급률은 77%가 되는 거고. '공급률'은 판매 가격에 대한 할인율이라고 보면 돼."

"이제 이해됐어요."

"좋아, 그럼 이제 산요도 서점의 가토 사장 이야기를 해볼게."

● 일본에서는 공급률을 '쇼미(正味)'라고 표현합니다. 서점이 출판사나 도매상으로부터 책을 매입할 때의 실제 지급 가격을 의미합니다. 한국의 '공급가(공급률)'에 해당합니다.

출판계는 서점이 급감한 후에
일어날 일을 깨닫지 못하고 있다

산요도 홀딩스 대표이사 사장 가토 가즈히로加藤和裕

—— **2022년 말부터 2023년 봄까지 여러 출판사에 대형 서점의 경영 상황 자료 등을 첨부하여 서점의 위기 상황을 알리고 지원을 요청하셨다고 들었습니다. 대형 서점 체인의 대표로서 가토 사장님도 꽤 어려운 상황을 겪고 계시는데, 현재의 생각을 들려주시겠습니까?**

가토: 서점 사업은 이제 경영 구조상 성립하기 어려운 상황에 이르렀습니다. 매출 이익으로는 경비를 감당할 수 없게 됐고, 이익이 늘어날 전망도 없습니다. 게다가 가장 큰 부담을 차지하는 3대 경비인 '인건비', '임대료', '수도·광열비'는 계속해서 오르고 있죠. 여기에 전자결제 수수료 부담*까지 더해져 영업 적자를 피할 수 없습니다. 이 상황을 극복하려면 서점의 매입가를 낮출 필요가 있습니다. 또한 출판사들이 서점에 무상으로 요구하는 과도한 작업들이 서점의 상황을 더 악화시키고 있습니다.

—— **무상 작업을 강요한다는 것은 무슨 말인가요?**

가토: 부록이 있는 잡지를 예로 들어보면, 잡지는 보통 본지와

* 최근 일본 서점들이 겪고 있는 어려움 중 하나는 점점 증가하는 전자결제 수수료입니다. 코로나 사태 이전까지만 해도 일본은 현금 결제 비율이 훨씬 높았습니다. 그러나 최근 들어 신용카드나 스마트 결제 시스템의 보급률이 빠르게 증가하고 있어, 서점들의 수수료에 대한 부담도 함께 증가하고 있는 상황입니다.

부록이 따로 포장돼서 서점에 배송됩니다. 서점 직원들은 이를 무상으로 본지에 부록을 넣어 판매하고 있죠. 이런 출판계의 오랜 관행은 서점을 점점 힘들게 만들고 있습니다. 요즘 시급이 1,000엔을 넘는 상황에서 무상 작업을 시키는 건 말도 안 됩니다. 적어도 부록 한 권당 10엔 정도는 서점에 공임을 지급해야 한다고 생각합니다.

—— **그렇군요. 현재 서점들이 처한 상황을 잘 알 수 있었습니다. 말씀하신 대로라면, 서점들이 제대로 된 수익을 확보하지 못하면 결국 더 많은 서점이 사라지겠네요.**

가토: 맞습니다. 대형 출판사들은 서점이 없어져도 웹툰이나 판권 사업을 통해 콘텐츠 홀더로서 살아남을 수 있습니다. 하지만 중소 출판사들은 서점이 사라지면 함께 도산할 수밖에 없죠. 서점이 사라지는 현상은 곧 출판계 전체의 위기를 의미합니다. 이 상황을 모든 출판업계 관계자들이 인식하고 공유해야 할 시점입니다.

—— **서점의 위기감이 제대로 공유되지 않는다고 보시는군요.**

가토: 그렇습니다. 서점이 생존하기 위해서는 새로운 공급률 체계가 필요합니다. 저는 그 비율을 '도서 정가의 70%'라고 생각합니다. 즉, 1,000엔짜리 책이라면 서점이 도매상에서 700엔에 매입할 수 있어야 한다는 거죠.

—— **그렇다면 서점에서 매입하는 책의 공급률을 낮추기 위해 서점은 어**

던 변화를 해야 한다고 생각하십니까?

가토: 완전 주문제●로 신간의 제작 부수를 결정해야 한다고 생각합니다. 유럽과 미국을 비롯한 여러 나라에서는 이미 이런 방식을 도입하고 있는데, 출판사가 유통업체를 통해 신간 안내를 미리 하고, 서점이 직접 구매 수량을 결정하는 방식이 필요합니다. 서점이 자율적으로 구매할 의식과 각오가 있다면, 반품도 줄어들고, 출판사도 팔리지 않는 책을 만들 필요가 없어지겠죠.

—— **거기서부터 시작해야 한다고 생각하시는군요. 그렇다면 서점업계가 부흥하려면 무엇이 필요하다고 보십니까?**

가토: 현재 일본의 서점은 폐업이 계속되고 있고, 신규 개업은 거의 없는 상태입니다. 신규 진입이 없는 업계는 반드시 쇠퇴하고 소멸하게 되죠. 업계에 신진대사가 필요합니다. 창업가들이 매력을 느끼고 적극적으로 진입하는 산업으로 변해야 합니다. 예를 들어, 한국에서는 서점 수가 증가하고 있습니다. 서점의 매출총이익률을 30% 이상으로 끌어올리면, 많은 창업가를 끌어들일 수 있을 겁니다.●●

● 완전 주문제: 출판사가 미리 신간을 제작하지 않고, 서점의 주문에 따라 신간의 발행 부수를 결정하는 방식입니다. 이는 재고 관리의 효율성을 높이고, 반품을 줄이는 장점이 있습니다. 일본 출판계는 여전히 많은 책이 반품되는 구조적 문제를 안고 있지만, 유럽과 미국은 완전 주문제를 통해 이런 문제를 일부 해결하고 있습니다.

●● 일본은 1990년대 약 2만 개의 서점이 있었으나, 2020년 기준 약 1만 개 이하로 줄어 매년 2~3% 감소하는 추세입니다. 특히 온라인 서점과 대형 서점의 매출은 증가하고 있으나 소규모 서점의 폐업이 지속되고 있습니다. 반면, 한국은 2010년대 초반부터 서점 수가 줄어들었으나, 2019년부터 독립 서점이 증가하며 일부 회복세를 보였습니다. 한국의

고지마의 해설

가토 사장과의 인터뷰에서 느낀 바는 '나도 같은 생각이다'라는 것이었습니다. 어떤 업종이든 총이익으로 판매관리비를 충당하지 못하면 결국 철수할 수밖에 없습니다. 만약 외부 컨설턴트가 서점 컨설팅을 한다면, 첫 번째로 제안할 내용은 책 판매를 중단하거나 크게 축소하라는 것이겠죠. 만약 출판사가 서점을 살리고자 한다면, 도매상에 납품하는 책의 공급률을 낮추는 것 말고는 방법이 없습니다. 현재 서점의 총이익률 23~24%로는 절대 생존할 수 없기 때문입니다. 이를 30% 수준까지 끌어올려야 서점이 살아남을 수 있다고 봅니다. 가토 사장의 이러한 주장은 저 역시 전적으로 동의하는 부분입니다. 제가 이 책을 쓰게 된 동기 또한 가토 사장처럼 '서점은 이제 기존의 경영 구조로는 지속될 수 없다'는 인식에서 비롯되었습니다.

참고로, '완전 주문 제작 방식'을 도입해 신간 제작 부수를 결정하는 실제 사례는 제가 집필한 《서점을 살려라!》에서 실현된 바 있습니다. 인터넷 공지와 개별 영업을 통해 주문을 받은 결과, 무명작가의 문고본 초판으로는 흔치 않은 약 1만 부가 주문되었습니다. 그 결과 1만 1,000부를 제작했고, 실제로 1만 부 가까이 판매되었습니다. 이처럼 완전 주문 제작 방식으로 서점은 자발적으로 매입한 책을 충분히 판매할 수 있습니다.

"사토시, 가토 사장의 이야기를 듣고 무엇을 느꼈어?"

소규모 독립 서점은 연간 1%대 증가율을 기록한 반면, 대형 서점 및 온라인 서점의 영향으로 전체 서점 수는 일본과 마찬가지로 감소세를 유지하고 있습니다.

"서점에는 잠재력이 있지만, 여러 요인 때문에 그 능력을 제대로 발휘하지 못하고 있는 것 같아요. 그런데 일본 전국 서점을 대표하는 조직인 '일본서점상업조합연합회日서련日書連'는 왜 중심이 되어 움직이지 않는 걸까요? 자신들에게도 중요한 문제일 텐데요."

"그건 '독점금지법'• 때문에 단체로 조건 협상을 하는 것이 금지되어 있어서 그런 거야."

"방법이 없을까요?"

"아니, 전례가 있어. 삼촌이 이 업계에 들어오기 전이지만, 1970년대에 '북book 전쟁'이나 '서점공급률전쟁'•• 이라 불리는 조건 교섭을 일서련이 벌여서 공급률 인하를 이끌어 낸 적이 있어. 일서련의 빛나는 역사 중 하나로 기록되었지. 단체교섭을 규제하는 독점금지법이 있어도 서점 단체인 일서련이 서점 공급률 인하 운동에 앞장선 것만큼은 잘한 일이라고 생각해. 그렇다면 일서련의 수장은 현재의 출판업계 상황을 어떻게 보고 있는지 이야기를 들어 보도록 하자."

• 일본의 독점금지법은 기업 간의 담합, 시장 독점, 불공정 거래 등을 금지하며, 경쟁을 저해하는 행위를 규제합니다. 특히 기업 간의 가격 담합이나 단체교섭을 제한하여 경쟁을 보호하는데, 서점이나 출판사가 집단으로 도서 공급률 인하와 같은 협상을 하는 것을 금지하고 있습니다. 이에 따라 서점이 출판사와 협상할 때 단체로 나서기 어려운 상황입니다.

•• 북 전쟁과 서점공급률전쟁은 1970년대 도서 매입 조건을 개선하기 위해 서점들이 출판사와 도매상과 맞서 싸운 사건입니다. 당시 서점들은 낮은 이익률로 인해 경영이 어려워졌고, 이를 해결하기 위해 공급률을 낮추기 위해 노력하였습니다. 전쟁 이전에는 서점들이 책을 약 80%의 가격으로 구입했으나, 협상을 통해 이를 75~77% 정도로 낮출 수 있었습니다.

제3화

출판업계의 '구조적 문제' 변혁의 시기

일본서점상업조합연합회일서련 회장인 야하타 히데하루矢幡秀治 씨는
도쿄 초후역 인근에서 '신코서점真光書店'을 운영하고 있습니다. 이
인터뷰에는 이사인 이시이 카즈유키石井和之 씨도 함께 참석해 이야
기를 나누었습니다. 야하타 회장의 발언은, 이 책에 등장하는 여러
서점 주인들과 출판사 관계사들의 의견을 하나로 아우르는 내용이
었습니다.

2023년 기준 일서련에 가입된 서점은 약 2,600개로, 전체 서
점 수가 7,000여 개인 것을 고려하면, 가입률은 약 40%에 달합니
다. 1988년에는 일본에 약 2만 5,000개의 서점이 있었고, 일서련
가맹점 수는 1만 3,000개에 이르렀지만, 이후 서점 수가 급격히 줄
어든 것은 일본 서점 업계가 직면한 위기를 잘 보여줍니다.

2019년 6월에 회장으로 취임한 야하타 회장은 출판업계에서
폭넓은 인맥을 형성하고, 서협일본서적출판협회, 잡협일본잡지협회 등 여러

출판사 및 도매업체와 긴밀히 의견을 교환하며, 서점업계의 위기 상황을 알리고 있습니다.

서점 경영은 이미 한계에 다다랐습니다

일본서점상업조합연합회일서련 회장 야하타 히데하루矢幡秀治

—— **서점의 현황에 대해 말씀해 주시겠습니까?**

야하타: 자사 건물이 아닌, 임대료를 내고 운영하는 서점들은 문을 닫을 수밖에 없는 현실입니다. 학교 교과서나 도서관 납품으로 수익을 내며 매장의 적자를 보완해 왔지만, 이제는 그것도 한계에 다다랐습니다. 지역 서점들은 책을 판매한다는 사명감으로 서점 운영을 하고 있지만, 재판매 제도가 존재하는 이상 서점은 적자가 나도 판매 가격을 올릴 수 없습니다. 게다가 도매상*들도 적자를 보고 있기 때문에 매입 조건의 개선을 기대할 수 없고, 인건비, 임대료, 광열비 등 경비가 계속 상승하면서 서점은 매출총이익만으로는 이를 감당할 수 없는 상황입니다. 서점의 매출총이익률이 약 22% 수준인데, 이를 30%까지 개선하지 않는다면 서점이 지속되기는 어려울 것입니다. 문제는 서점조합이 출판사나 도매상과 협상을 단체로 진행할 수 없다는 것입니다. 독점금지법이 그것을 금지하고 있

---

* '도매상'은 출판물의 유통을 담당하는 중개업자라고 이해하시면 됩니다. 일본의 서적 도매는 토한(株式会社トーハン)과 닛판(日本出版販売) 두 회사가 대부분의 시장을 점유하고 있습니다. 이 두 회사의 연간 매출액은 수천억 엔에 달합니다. 일반적인 도매상보다 사업 범위가 넓고 규모도 큽니다.

기 때문이죠. 서점은 개별적으로 협상해야 하는데, 소규모 서점이 대형 출판사나 도매상과 협상력을 발휘하기는 어려운 상황입니다.

── 역시 문제는 '공급률'이군요. 그렇다면 많은 지역 서점이 불만을 가지고 있는 '신간 배본*'에 대해서는 어떻게 생각하십니까?

야하타: 최근 화제가 되고 있는 AI 배본●에는 위험성이 있다고 생각합니다. 판매 실적이 적거나 없는 서점은 아예 책을 받을 수 없게 될까 봐 우려됩니다.

── 신간 배본에 대한 새로운 시도는 없습니까?

야하타: 일부 출판사는 도쿄 지역 서점에 한해 매입 희망 부수

---

* '신간 배본'은 서점에 책을 배분하는 과정을 의미합니다. 일본의 출판 유통 구조에서 신간 배본은 출판사가 책의 제작 부수를 결정한 후, 도매상과 협상하여 서점에 배분할 부수를 도매상이 결정하는 시스템입니다. 이 과정에서 서점의 과거 판매 실적이 고려되지만, 모든 서점이 원하는 수량을 제출할 수 없으므로, 실질적인 배분 결정권은 도매상이 가지고 있습니다. 이 방식은 '프로덕트 아웃' 시스템으로, 서점의 수요보다는 출판사와 도매상의 판단에 의해 배본이 이루어지는 경우가 많습니다. 특히, 이 배분 과정을 '미계량 배본'이라고 하며, 수요에 맞지 않는 배본으로 인해 반품률이 높아지는 문제를 야기했습니다. 최근에는 이러한 반품 문제를 줄이기 위해 도매상들이 미계량 배본을 억제하고 있으며, 일부 출판사는 '마켓인' 방식으로 전환하려는 시도를 하고 있습니다. 이는 서점의 실제 수요에 맞춰 배분하는 방식으로, 보다 효율적인 유통을 목표로 하고 있습니다. 이러한 변화는 서점과 출판사 간의 낭비를 줄이고, 반품 문제를 해결하는 데 기여할 것으로 기대됩니다.

● 일본의 AI 배본 시스템은 출판 유통 효율성을 높이기 위해 도입된 기술로, AI가 서점의 과거 판매 데이터를 분석해 각 서점에 맞는 신간 배본 부수를 자동으로 결정하는 방식입니다. 이를 통해 출판사와 도매상은 서점의 수요를 정확히 파악하고, 재고 부담을 줄이며 반품을 최소화할 수 있습니다. 그러나 판매 실적이 낮은 서점에는 신간이 충분히 배본되지 않을 우려가 있어, 소규모 서점들은 불안감을 표하고 있습니다.

를 먼저 물어보고, 그 수량을 지정해 배본하는 테스트를 진행하고 있습니다. 그 결과 서점 운영에 큰 도움이 되고 있습니다.

—— **몇몇 출판사가 제안하고 있는 '스테디셀러 책을 서점이 매절 조건으로 구입하여 공급률을 낮추는 시도'에 대해서는 어떻게 생각하십니까?**

야하타: 그런 시도에 동참하는 서점이 많을 것으로 보입니다. 원하는 서점과 출판사들이 함께 시작할 수 있습니다. RFID^{사물 인식이 가능한 IC 태그}를 도입해 개별 도서를 관리할 수 있겠지만, 그전까지는 ISBN^{국제 표준 도서 번호}과 바코드를 변경하여 식별하는 방안도 가능합니다.

—— **상품 유통을 담당하는 도매상이 이 시도(개별 도서의 공급률 변경)에 대응할 수 있는 시스템을 가지고 있으면 좋겠지만, 지금은 그것이 어려운 상황이므로 출판사가 적절한 백마진을 지급하거나, 출판사와 서점 간의 직접 거래로 시작해 볼 수도 있을 것입니다.**

고지마의 해설

출판계의 중진들이 스테디셀러 매입*에 대해 긍정적으로 검토할 필요가 있

- 스테디셀러는 오랜 기간 동안 꾸준히 팔리는 책을 의미합니다. 서점이 스테디셀러를 자율적으로 매입하여 재고를 확보하고 판매하는 것은 서점이 수익성을 높이는 한 방법입니다. 이는 서점이 출판사의 배본 시스템에서 벗어나 자율적인 매입과 판매 전략을 강화하는 방향으로 나아가야 함을 시사합니다.

습니다. 희망하는 서점이 참여하는 새로운 시도는 출판사나 도매상이 검토할 만한 가치가 충분히 있습니다. 도매상이 미계량 배본을 크게 제한하고 있는 상황에서, 출판사들이 서점의 희망 부수를 묻는 방식으로 전환하고 있습니다. 일부 출판사는 이를 이미 조직적으로 시행하고 있으며, 이 방식이 다른 출판사들로도 확산될 것이라고 봅니다.

미계량 배본이란 서점의 수요를 고려하지 않고, 출판사와 도매상이 일방적으로 책을 공급하는 방식입니다. 이런 방식은 재고 부담을 가중시키고 반품을 증가시켰기 때문에, 도매상은 점점 배본 부수를 조절하는 추세입니다. 이런 배경 속에서, 해외에서 이미 도입된 시스템처럼 출판사가 서점에 신간 안내를 미리 하고, 서점이 매입 부수를 결정하는 방식으로 전환하는 것이 필요합니다.

이번 야하타 회장과의 인터뷰에서 특히 인상 깊었던 점은, JPIC^{일본출판문화산업진흥재단}에서 출판사, 도매상, 서점 대표들이 모여 과제를 논의하려고 하고 있음에도 불구하고, 활발한 논의가 이루어지지 못하고 있다는 것이었습니다. 이는 개인적인 교류나 친목 모임을 통해 이루어지는 대화가 주를 이루기 때문입니다.

서점업계에 남은 시간은 많지 않으며, 과제를 정리해 관계자들이 공식적인 자리에서 논의해야 합니다. 야하타 회장도 공급률 문제, 스테디셀러 매입, 배본 문제 등 다양한 과제에 대해 빨리 논의가 이루어지고, 실행으로 옮겨져야 한다고 강조했습니다.

"사토시, 야하타 회장의 이야기를 어떻게 들었어?"

"어려운 시기에 정말 힘든 위치에 계셔서 고생이 많으실 것 같아요."

"그렇지. 취재 중에 '자사 건물이 아닌 임대료를 내는 서점은 문을 닫을 수밖에 없다'고 하신 말씀이 지금 일본 전국 서점의 상황을 정확하게 보여주는 것 같아."

"정말 그러네요. 일본 서점의 경영이 벼랑 끝에 서 있는 것처럼 느껴져요."

제4화

기노쿠니야 서점, TSUTAYA, 닛판 '대연합'의 충격

❋

"지금까지 살펴본 바와 같이 현재 일본의 서점은 정말 위기 상황에 놓여 있어."

"그러게요. 서점업계에서 뭔가 새롭고 구체적인 노력을 하고 있는 건 없나요?"

"있지. 기노쿠니야 서점과 TSUTAYA, 그리고 닛판이 2023년 가을에 설립한 '북셀러즈 & 컴퍼니'라는 회사가 있어."

"처음 들어보는 회사네요."

"그럴 거야. 사토시 너와 같은 일반 독자들은 잘 모를 수도 있지만, 출판계에선 꽤 주목받고 있는 회사야."

"어떤 회사인가요?"

"이야기의 전반부에서는 공개된 정보를 전달하고, 후반부에는 내 생각을 말할게. 후반부는 출판계의 깊은 이야기라 조금 어려울 수도 있지만, 그때는 그냥 흘려들어도 돼."

"알겠습니다."

북셀러즈 & 컴퍼니는 기노쿠니야 서점, TSUTAYA Culture Convenience Club 주식회사의 매장 브랜드명이 TSUTAYA, 그리고 닛판이 공동으로 설립한 회사로, 기존의 출판사 → 도매상 → 서점이라는 전통적인 유통 구조를 뛰어넘어 출판사와 서점이 직접 거래하는 방식을 도입했어. 닛판은 여기서 물류와 수금만 담당하는 새로운 형태의 사업을 맡고 있어.

참여하는 서점은 1,000개가 넘을 것으로 예상돼. 출판사와 서점 간의 직접 거래 계약을 통해 구매 조건을 설정하는 시스템을 구축하고 있어. 서점의 매출총이익을 증가시키는 것이 목표이기 때문에, 출판사에는 반품을 줄이고 매입을 늘릴 수 있는 모델을 제시하고 있지.

이 회사에는 기노쿠니야 서점, TSUTAYA 외에도 닛판 산하의 서점인 리브로, 세키분칸 서점, 이마진 하쿠요도 등이 참여하고 있어. 이들이 차지하는 판매 비율은 출판계의 약 20% 정도로 예상돼. 출판사들의 대응에 따라 일본 출판계의 미래가 좌우될 수 있을 거야.

이 회사는 '서점에서 시작하는 업계 개혁'이라는 캐치프레이즈를 내걸고, 기존의 출판사 주도 구조에서 벗어나 서점 중심의 개혁을 추진하고 있어. 이들의 미션은 다음과 같아.

~서점이 거리에서 계속 존재하고, 더 많은 사람이 독서 습관을 기르며, 책을 통한 지식과 문화의 접점을 유지하는 풍요로운 미

래를 서점 스스로 개척한다!~

이들의 주요 사업 내용은 4가지로 요약할 수 있어.

① 서점과 출판사 간의 직접 거래 계약에 관한 기획 및 수탁
② 서점의 매입 업무 지원
③ 서점에 대한 판매 촉진 기획 및 지원
④ 서점의 이익 개선에 관한 컨설팅 업무

좀 더 알기 쉽게 설명하자면, '북셀러 & 컴퍼니'는 닛판과 거래하는 모든 서점이 참여할 수 있어. 이 회사는 출판사와 서점 간의 매입 협상 창구 역할을 하며, 출판사와 직접 거래 계약을 맺어 매출을 늘리고 반품을 줄이기 위한 전략을 마련하고 있어.

이러한 시도에 대해 많은 출판사가 개혁 추진에 찬성하고 있어. 다만, 일본의 대형 출판사 4사고단샤, 쇼가쿠칸, 슈에이샤, KADOKAWA의 구체적인 참여 여부는 아직 협의 중인 상태야.

북셀러 & 컴퍼니에 출자한 각사의 대표들은 아직 참여를 망설이고 있는 출판사에 대해 개별적으로 직접 설명하며 참여를 유도하고 있어. 실제로 일부 출판사는 이러한 설득에 힘입어 참여 의사를 밝히기도 했어. 하지만 한편으로, 업계 내에서는 이 시도에 대해 회의적인 시각도 존재해.

특히, 이 시스템이 도입되면 닛판은 모든 서적에 대해 마진을 받는 방식(취급 마진제)으로 전환될 가능성이 높고, 이를 통해 출

판사와 서점 간 거래의 효율성을 높이고자 해. 한편, 토한은 기존의 도매 구조에서 마진을 받는 방식이기 때문에 다른 방식으로 대응해야 할 것으로 보여.

기노쿠니야 서점의 다카이 마사시 회장도 "서점 매출총이익이 30% 수준으로 향상된다면, 많은 서점이 이 시스템에 참여할 가능성이 크다"고 말했어. 결국 출판사들이 서점과의 이익 재분배에 적극적으로 나서야 일본의 서점들이 지속적으로 운영될 수 있을 거야.

고지마의 해설

기노쿠니야 서점이나 TSUTAYA 같은 대형 서점조차도 서적 매장 판매에서 적자가 지속된다면, 일본의 전통적인 서점 경영이 더 이상 유지되기 어려울 것입니다. 이런 상황을 막기 위해 앞서 언급한 세 회사가 '북셀러 & 컴퍼니'를 설립하고, 출판사들에 매입 조건 개정을 요청하고 있는 것이죠. 이러한 시도는 기존의 구태의연한 출판 유통 구조에 대한 반론으로서 매우 의미 있는 발전이라 생각합니다. 다만, 현시점에서는 몇 가지 불확실한 점들이 있습니다.

① 닛판의 취급 수수료 계산 방식은 어떤 기준으로 결정될까?
② 닛판이 편의점과의 거래를 대폭 축소하고 현재의 잡지 유통 구조에서 벗어나 새로운 서적 유통망을 정비해야 하는데, 이를 어떻게, 언제까

지 구축하여 이 사업의 책임을 다할 수 있을까?

　③ 서적의 개별 관리가 되지 않는 현 상황에서, 기존 조건으로 매입한 서적과 새로운 조건으로 매입한 서적을 외형상 구분할 수 없기 때문에, 매장에 남아 있는 유통 재고의 반품 처리와 동시에 발생하는 '서점 재고의 평가 손실' 처리는 어떻게 해야 할까?

　이 이상의 정보는 아직 공개되지 않았습니다. 출판사에 물어봐도 답을 얻지 못했습니다. 앞으로 '북셀러 & 컴퍼니' 관계자들이 더 많은 정보를 공개해 주길 기다려야 할 것 같습니다.

　특히 앞서 언급한 '재고평가손실'[*] 문제에 대해, 이 책에서 제시하는 한 가지 방안은 공급률 인하가 아닌, POS 데이터에 기반하여 출판사가 판매된 서적에 대해 '북셀러 & 컴퍼니'에 일률적으로 10%의 매출 보상금을 지급하는 방식입니다. 이렇게 하면 출판사도 판매된 서적에 대해서만 비용을 지급하므로 비교적 받아들이기 쉽고, 반품 문제나 '재고평가손실'도 발생하지 않게 됩니다.

　제 생각에는 닛판이 '북셀러 & 컴퍼니' 사업에 그들의 사운을 걸고 있는 것처럼 보입니다. 앞으로 출판계가 토한의 독점 체제로 굳어질 것인지, 아니면 닛판과 토한이 경쟁하며 출판계가 발전할 것인지에 대한 판단은 출판사와 닛판과 거래하는 서점 관계자들에게 달려 있다고 생각합니다. 이제

- 　재고평가손실: 서점이 보유하고 있는 재고 서적의 가치가 판매되지 않아 하락하거나 손실을 보게 되는 것을 의미합니다. 특히 출판사에서 공급률을 변경하거나 반품 조건이 바뀔 경우, 서점이 기존에 매입한 서적이 시장에서 처분하기 어려워져 그 가치가 하락할 때 발생합니다.

그들이 진지하게 고민하고 결정해야 할 시기가 다가오고 있는 것이 분명합니다.

"사토시, 넌 이 이야기를 듣고 어떤 생각이 들었어?"

"저는 출판계 사람이 아니라 후반부는 잘 이해가 되지 않았어요. 하지만 서점이 출판사와의 직접 거래를 시작할 때 여러 복잡한 문제가 발생하더라도, 마진을 늘리기 위해 그 변화를 받아들이려는 의지는 확실히 느껴졌어요. '재고평가손실'이 무슨 말인지는 잘 모르겠지만요."

"괜찮아. 결산서와 대차대조표를 공부하게 되면 알 수 있을 거야."

"하나 궁금한 게 더 있어요."

"그래, 뭐가 궁금한데?"

"기노쿠니야 서점의 2023년 8월 결산에서 매출과 이익이 모두 최고치를 기록했다고 들었어요. 그런데 왜 다카이 회장은 그럼에도 불구하고 '북셀러 & 컴퍼니' 회장을 맡아 어려운 일을 추진하려는 걸까요?"

"그 이유는 다카이 회장 본인에게 물어봐야겠지만, 내가 생각하기에는 기노쿠니야 서점 자체의 국내 매장 서적 판매에 대한 위기감과, 최대 서점의 대표로서 서점업계 전반에 대한 '노블리스 오블리주사회적 책임' 때문일 거야. 어떤 관계자에 따르면, 기노쿠니야 서점 자체는 공급률 문제를 크게 겪지 않지만, 다카이 회장은 서점업계의 미래를 고민하면서 이러한 결정을 내린 것으로 보여. 그리고 TSUTAYA와 손잡은 것도 서점 재생을 위한 큰 효과를 기대했기 때문이라고 해."

제5화

어느 지방 서점의 '도산'까지의 전말

✴

"서점의 문제점이 조금씩 드러나고 있는데, 다음으로는 실제로 폐업한 서점에 관한 이야기를 들어볼까 해. 이 이야기는 오랫동안 분식결산을 해오다가 결국 경영 파탄에 이르게 된 지방 서점의 이야기야. 프리랜서 기자가 취재해서 내게 들려준 내용을 토대로 하고 있어."

"벌써 마음이 안 좋네요."

"서점업계의 어두운 역사라고 할 수 있지. 약간의 각색이 있긴 하지만, 실화를 바탕으로 생생하게 그린 이야기야."

**"고객 주문만이라도
 어떻게 해줄 수 없나요?"**

기자: 그 일이(경영 파산) 일어난 건 몇 년 전 가을이었습니다. '책이

전혀 들어오지 않는다'는 소식이 들려와서 현장을 취재하러 갔죠. 그 서점에는 '물류 시스템 문제로 인해 책이 들어오지 않고 있습니다'라는 공지문이 붙어 있었습니다. 이전부터 여러 신호가 있었지만, 창업자가 갑작스럽게 세상을 떠난 후부터 회사가 급격히 무너지기 시작한 것 같습니다.

—— **그렇군요.**

기자: 오랫동안 책만 팔던 서점이 책 대여 사업을 시작하면서 문구류, 게임, CD도 함께 판매하기 시작했어요. 버블 경제가 끝나도 매출이 아주 좋았던 시기가 있었고, 그때 매장 수도 한꺼번에 늘렸습니다.

—— **좋은 시기였군요.**

기자: 그렇죠. 하지만 대여 DVD 매출이 줄고, CD와 책 판매도 급감했습니다. 어느 순간부터 회사 내에서는 "지금이 잘 안 되고 있다"는 소문이 돌았고, "매입처를 줄여라"라는 지시가 내려왔습니다. 도매상에 대한 지급도 이미 미뤄지고 있던 상태였고, 결국 8월부터 10월까지 도매상에 지급 유예를 요청했다고 들었습니다. 더 이상 기다릴 수 없다는 도매상의 통보로 결국 상품 공급이 중단된 겁니다.

—— **도매상이 상품 공급을 중단한다는 것은 매우 심각한 일이잖습니까.**

기자: 네, 회사는 10월 말에 '내일부터 공급이 중단됩니다. 준비해 주세요'라는 통지를 받았습니다.

—— 그랬군요.

기자: 서점 직원들은 그래도 잡지는 계속 들어올 줄 알았지만, 모든 책의 공급이 중단되었습니다. 고객 주문도 문제가 되었죠. 그래서 '물류 문제'라는 명분으로 고객에게 공지할 수밖에 없었습니다.

—— 그 당시 회사의 신용 상태는 어땠나요?

기자: 그때 회사는 이미 채무 초과 상태였고, 실제로 지급 능력도 없었습니다.

—— 책이 안 들어오면 서점 현장에서는 정말 혼란스러웠겠네요.

기자: 잡지 중단은 큰 문제라, 경영자들이 여러 가지 협상을 시도했다고 합니다. 도매상 간부도 도와주려 노력했죠. 잠시 잡지 공급을 재개했지만, 창고에 쌓아 두기만 했을 뿐 서점으로 제대로 배포되지는 못했습니다.

—— 창고에 쌓아 두었다고요?

기자: 서점 직원들이 직접 창고에서 책을 가져와 매장에 공급했다고 합니다. 현장 직원들은 도매상에 대해 큰 감사의 마음을 가

지고 있었죠. 하지만 일주일 뒤 공급은 완전히 중단되었습니다. 여전히 다른 도매상에 '고객 주문만이라도 처리해 달라'고 부탁했지만, 상대편 영업 담당자가 울면서 거절했습니다.

—— **도매상과 서점 직원들 모두 서점을 구하려 했군요.**

기자: 맞습니다. 도매상은 서점의 경영 상태를 조사하고 매입을 중단하라는 지시를 내렸습니다. 매장 재고는 도매상에 반품하고, 채무를 줄이라고 했죠.

—— **책을 판매하는 것보다 반품하는 것이 우선인 서점 현장은 정말 전쟁터였겠군요.**

기자: 그랬을 겁니다. 11월에는 매달 지급을 줄이고, 필요한 거래처만 남기라는 지시도 내려왔습니다. 현장은 어떻게든 고객 피해를 줄이려 했지만, 할 수 있는 일이 거의 없었죠.

—— **현장은 누가 지휘했나요?**

기자: 점장급 직원들이 주도했다고 합니다. 현장과 경영진 모두 과제가 너무 많았을 겁니다.

—— **부동산 문제도 있었나요?**

기자: 네. 주거래 은행이 주도해서 수십 명의 채권자를 모아 채권 처리를 주도했습니다. 채무를 탕감하는 것이기 때문에 엄청 힘

들었다고 합니다.

—— **힘들었겠네요.**

기자: 매입할 상품도 없어서 서점 직원들은 더는 미래가 없다고 느낀 것 같습니다. 결국 회사는 정리되고, 직원들은 다른 서점이나 다른 업종으로 이직했습니다. 저도 그 서점에 많은 지인이 있었는데, 그중 많은 사람과 연락이 끊겼습니다.•••

"사토시, 어땠어?"

"너무 엄청난 이야기라서 말이 안 나오네요. 그런데 분식회계가 뭔가요?"

"기업은 매년 결산서를 제출해 회사의 실태를 공개해야 해. 그런데 실적을 숨기고 적자인데도 흑자라고 하거나, 돈이나 재산이 없는 걸 있는 것처럼 꾸미는 게 바로 분식회계야."

• 일본 출판업계의 가장 큰 문제 중 하나는 반품 제도입니다. 일본의 서점들은 팔리지 않는 책을 도매상이나 출판사에 반환할 수 있는 관행이 오랫동안 이어져 왔습니다. 이로 인해 서점은 재고 부담을 줄일 수 있지만, 도매상과 출판사 측에서는 반품 처리 비용이 늘어나며 경영에 큰 부담이 됩니다. 특히 반품율이 40%에 이르는 경우도 있어, 출판사와 도매상 모두가 손해를 보는 구조입니다. 반품 문제는 출판 업계의 악순환을 불러일으키는 요인 중 하나로, 이로 인해 재고 관리가 더욱 중요해지고 있습니다. 도매상 역시 이로 인한 재정적 압박을 받고 있어 서점들과의 관계가 더욱 복잡해지고 있습니다.

•• 일본의 출판사는 서점이 줄어드는 현실에 직면해 있습니다. 서점은 출판사의 중요한 판매 창구 중 하나이기 때문에, 서점이 폐업할수록 출판사도 경영 압박을 받습니다. 대형 출판사는 다른 사업(웹툰, 판권 사업 등)을 통해 생존할 수 있지만, 중소 출판사는 서점 의존도가 높아 서점 폐업과 함께 무너질 가능성이 큽니다. 서점과 출판사 간의 협력이 절실한 이유입니다.

"그럼 거래처는 속는 셈이니 당연히 화가 나겠네요."

"맞아. 이번 서점만이 아니라, 금융기관이나 도매상도 처음에는 경영 위기에 처한 서점을 돕고 싶어 하지만, 분식회계가 드러나면 태도가 급변해."

"그렇군요. 그래도 지역 금융기관과 도매상은 끝까지 서점을 구하려고 애썼네요."

"경영자의 실책이 있었지만, 현장에서 일하는 사람들은 성실했기 때문에 다들 어떻게든 다시 살려보려고 했던 것 같아. 반대로, 출판계가 금융기관에 당한 사례도 있어."

"반대 사례요? 그건 어떤 이야기인가요?"

"출판계가 금융기관에 속아서 도산하게 된 이야기가 있지. 2015년 구리타출판판매가 경영 파탄에 이르러 민사 재생을 신청했어. 이때 한 대형 은행에서 구리타에 파견된 사람이 구리타의 자산을 정리하고 매각한 후, 민사 재생 절차를 밟았어. 그래서 그 대형 은행뿐만 아니라 금융기관에 남은 부실 채권이 거의 없게 되었지.

"2015년에 구리타출판판매가 경영 파탄에 이르러 민사 재생을 신청했는데, 어떤 대형 은행에서 구리타에 파견된 사람이 자산을 정리하고 매각한 후 민사 재생 절차를 밟았기 때문에 이 대형 은행뿐만 아니라 금융기관에는 부실 채권이 거의 남지 않았지. 부채 총액은 135억 엔이었어. 이 외에도 타이요사라는 중견 도매상이 2016년에 같은 과정을 겪었어. 여기서도 대형 은행은 손해를 입지 않았어. 부채 총액은 84억 엔 이상이었지. 두 경우 모두 출판사들이 그 부채를 고스란히 떠안게 되었지."

"출판사들이 당한 거군요."

"그렇지. 특히 구리타출판판매의 민사 재생 과정에서는, 나 같은 실무자의 시각에서 봤을 때 이상한 점이 많았어."

"어떤 점이요? 알기 쉽게 설명해 주세요."

"민사 재생 신청 전에, 특정 채권자에게 우선적으로 변제해 불공정한 일이 일어나지 않도록 하는 것이 중요한데, 당시 출판사들이 금융기관의 동향을 제대로 파악하고 있었는지 의문이 들어."

"그렇군요. 그런 일이 있었다면, 보통 채권자는 화를 내겠네요."

"그래, 게다가 구리타출판판매가 오사카야(업계 3위 서적 도매상)에 흡수 합병된 것도 문제가 있었어."

"오사카야가 구리타출판판매를 흡수한 건가요?"

"그렇지. 하지만 이 과정이 민사 재생의 전체를 무너뜨린 것 같아."

"그게 무슨 뜻인가요?"

"채권자(주로 출판사)는 재생을 지원하기 위해 자신이 가진 채권을 포기하지."

"채권을 포기하면 출판사에는 큰 타격이겠네요."

"그렇지. 그래서 채무자(구리타출판판매)는 '경영 재건 계획서'를 작성하여 이를 실행에 옮기고, 이후에는 이익과 잉여 현금을 창출하는 회사가 되어 채권자에게 변제하는 것이 민사 재생의 기본이지. 그렇지만 흡수 합병이 되면 구리타출판판매의 고유한 적자 구조가 개선되어 수익을 창출하는지 확인할 방법이 없어. 만약 개선되지 않았다면 오히려 흡수한 오사카야의 경영에 부담이 되었을 거야."

"그렇군요. 그 후에는 어떻게 되었나요?"

"구리타출판판매는 법적으로 소멸됐고, 오사카야는 이후 라쿠텐 그룹의 출자를 받아 완전히 다른 회사가 되었지."

"구리타의 적자 체질은 해결되었나요?"

"모르지. 내가 이해할 수 없는 건 재생 채권과 공익 채권의 처리가 불투명하다는 점이야."

"공익 채권이요?"

"민사 재생 절차에서는 채권자들이 재생 채권을 포기하지만, 이후의 채권, 즉 공익 채권은 전액 지급하는 게 원칙이야."

"당연하겠죠."

"그렇지만, 도매상은 출판사에 책을 반품할 수 있잖아. 문제는 구리타출판판매의 재고가 오사카야의 재고와 섞여버리면, 출판사 입장에서 어떤 책이 구리타의 재고인지 알 수 없다는 거야. 결국, 출판사들은 포기한 채권을 또 포기하게 되는 상황이 생겨."

"정말 그렇네요."

"이 모든 절차는 법적으로는 문제없지만, 실무적 관점에서는 의문이 남아."

"출판사들은 그 사실을 알고 동의했을까요?"

"어떻게 알겠어."

"하지만 금융기관은 결국 기업의 동반자라는 점을 잊으면 안 돼."

"'비가 오면 우산을 뺏고, 날이 좋으면 우산을 준다'는 말이 있는데요?"

"그런 고정관념은 맞지 않아. 요즘 금융기관은 적자 상태의 기업이라도 장래성을 보고 협력하는 경우가 많아. 출판업계도 금융 지식을 제대로 갖추고, 좋은 관계를 유지해야 해."

제6화

지역에서 사랑받던 서점이 사라질 때

❋

"다음 이야기도 지방 서점이 겪는 어려움에 대한 내용이야."

"지방 서점들은 수도권 서점보다 훨씬 더 힘든 상황에 처해 있는 것 같네요."

"그렇지."

"이번에는 지역 주민들에게 큰 사랑을 받았지만 결국 문을 닫게 된, 간사이 지방의 한 서점 이야기를 해볼게."

"지역 서점이 문을 닫으면 어떤 일이 벌어지죠?"

"이 서점의 창업자는 지방 출신이야. 신문 배달을 하며 고등학교와 대학에 다녔고, 졸업 후 서점에서 일했지. 그 뒤에는 독립해 서점을 열었어. 처음엔 다양한 시도로 매출을 올리며 지역 사회의 사랑을 받았는데, 결국 매출이 최고치의 절반으로 떨어지면서 남은 점포들도 모두 문을 닫게 됐지. 이 서점 관계자가 익명으로 다음과

같은 이야기를 전해줬어."•

잡지를 포기하지 않으셨나요?

"지역 서점은 잡지와 만화 판매가 생명인데, 도매상은 잡지를 포기한 것 아닌가요?"

── **그렇게 느끼셨군요. (이 인터뷰 이후, 닛판이 로손과 훼미리마트와 의 거래를 중단**•• **할 것이라는 보도가 나왔습니다.)**

"도매상은 이제 서점에 와서 책이 아니라 잡화만 영업합니다. 도매상에 더 이상 기대하지 않게 됐어요. 물론 지금까지 여러 가지 도움을 받은 것도 사실입니다. 어려운 경영 상황을 타개하려고 예전 담당자가 결산서 분석도 해주고, 경영 개선 방안을 함께 고민해준 적도 있었어요. 하지만 아무리 생각해 봐도, 이제 서점이라는 업종 자체가 수익을 내기 어려운 사업이 된 것 같아요. 몰락의 길을

• 지방 서점의 현실: 일본의 지방 서점들은 대도시 서점보다 더 큰 경제적 어려움에 직면해 있습니다. 특히 독자층 감소와 고령화, 인터넷 서점과의 경쟁이 주요 원인입니다. 일본의 지방 서점들은 자치단체나 지역민의 지지가 없으면 생존이 힘든 경우가 많습니다. 지역 서점들은 종종 매출의 절반 이상을 잡지와 만화 판매에 의존하는데, 이마저도 점차 감소하고 있는 추세입니다.

•• 닛판의 편의점 거래 중단 : 닛판은 일본의 주요 서적 도매상 중 하나로, 대형 서점뿐만 아니라 편의점에도 잡지를 공급해 왔습니다. 그러나 경영 효율을 이유로 2023년에 로손과 훼미리마트와의 잡지 유통 거래를 중단하면서, 오프라인 매장 중심의 잡지 유통 구조가 크게 변화하고 있습니다. 이는 잡지 공급이 줄어든 서점뿐만 아니라 편의점에도 영향을 미치고 있습니다.

걷고 있는 것인지도 모르겠어요."

—— **도매상에 대해 감사한 마음도 있지만, 불만도 있으신 거군요. 지역
주민들에게 사랑받았지만 문을 닫을 수밖에 없었던 이 서점 이야기
를 들려주시겠어요?**

"제가 이곳에서 일하기 시작한 지 20년 남짓 되는데, 그동안
매출은 줄곧 하락세였습니다. 그래도 어린아이부터 어르신들까지
누구나 쉽게 찾아올 수 있는 서점으로 남아 있었다는 점에 자부심
을 느낍니다. 손님들이 제가 매입한 책을 살펴보거나 구매해 주셨
을 때 느꼈던 기쁨, 아이들이 그림책 읽기 모임에서 보여주던 미소
는 아직도 잊을 수가 없습니다."

—— **폐점이 결정된 이후에는 어땠나요?**

"'매달 사보던 잡지는 이제 어디서 구해요?', '동네 서점이 없어
지면 정말 불편해져요.' 이런 말씀들을 많이 들었어요."

—— **듣고 있자니 정말 마음이 아프네요.**

"저도 도매상과 출판사와의 관계가 예전보다 약해진 점에 아
쉬움이 큽니다. 하지만, 그게 폐점의 직접적인 이유는 아닙니다. 가
장 큰 책임은 서점 경영의 실패에 있겠지만, 사회적으로 '책을 읽고,
책을 산다'는 행위가 더 이상 친숙하지 않게 된 것도 사실이에요.
이건 더 이상 서점만의 노력으로 해결할 수 있는 문제가 아닙니다.

어릴 때부터 책을 접하는 문화를 키우고, 학교 교육을 통해 독서 인구를 넓히는 노력을 하지 않으면 독서 문화 자체가 사라질 위험이 있다고 봅니다. 누구의 잘못이라고 단정 짓기보다는, 출판사와 서점이 함께 공존할 방법을 찾아야 한다고 생각해요. 지금은 불황으로 서로 살기 바쁘겠지만, 어느 한쪽이라도 무너지면 모두가 무너질 수밖에 없으니까요."

고지마의 해설

시대의 변화는 항상 가장 약한 곳을 먼저 강타합니다. 지역 주민들에게 사랑받으며 성실하게 운영되던 이 서점의 폐점 소식은 당시 출판계에서도 큰 이슈가 되었습니다. 다행히 이 서점은 아직 여력이 있을 때 문을 닫았기 때문에, 거래처와 고객들에게 미치는 충격을 최소화할 수 있었습니다.

저는 많은 서점의 폐점을 지켜보았습니다. 야반도주를 한 서점, 미지급금이 쌓여 거래처에서 거래 중단을 통보받고 매장 재고까지 회수당하며 파산한 사례도 있었습니다. 저 역시 도매상에서 일했던 사람으로서, 이러한 상황과 무관하지 않다는 점을 인정합니다.

이 간사이의 서점은 그나마 상황이 나았지만, 지방의 작은 서점들은 학교 교과서를 취급하는 경우가 많습니다. 이러한 서점들이 문을 닫으면, 초등학교와 중학교 학생들이 사용하는 교과서를 어디서 공급받을 수 있을까요? 이 질문에 대해 출판계는 여전히 답을 내놓지 못하고 있습니다. 교과서 문제도 출판계가 직면한 위기 중 하나입니다.

"사토시, 이 이야기를 듣고 어떤 생각이 들었니?"

"지역 서점들의 상황이 생각보다 더 어려운 것 같아요. 근본적인 해결책이 없을까요?"

"나도 도매상에서 일했던 사람이니 내 이야기 같기도 하지만, 일본 출판계는 전후 50년간 꾸준히 성장해왔어. 하지만 그 정점을 지나고 나서 지난 30년간은 지속적으로 쇠퇴하고 있어. '일본 경제의 잃어버린 30년'•과도 맞물려 있지.

20여 년 전에 사노 신이치佐野眞一의 명저 《누가 책을 죽이는가》에는 이런 문장이 있어. '출판 불황의 한가운데서 개혁은 더 이상 미룰 수 없다.' 지금 돌아보면, 20년 전은 그나마 나은 시기였어. 하지만 출판계는 근본적인 해결책을 내놓지 못하고 미봉책만을 내놓으며 '기다림의 20년'을 보낸 셈이지. 이 책임은 도매상과 출판사 모두에게 있지. 하지만 그 고난과 피해를 가장 많이 받은 건 결국 동네 서점들이야. 출판계에 있는 사람들은 이 현실을 외면해선 안 된다고 생각해."

• 일본은 1990년대 이후 경제 불황이 지속되어 왔고, 이를 '잃어버린 30년'이라고 부릅니다. 출판계도 이 경제 불황의 영향을 받았으며, 출판물 소비가 감소하면서 서점들은 경영 위기를 맞고 있습니다. 일본의 지방 서점들은 특히 이 경제 위기의 직격탄을 맞았습니다.

서점은 이제 '구조적 도산 업종'이 되었다

❋

"사토시, 지금까지 이야기를 듣고 어떤 생각이 들어?"

"출판계와 서점 업계 전체에 걸쳐 해결해야 할 문제가 많다는 걸 느꼈어요. 답답한 마음이 들어요."

"그렇지. 일본의 서점들은 재판매 제도 때문에 가격을 마음대로 올릴 수 없어서, 이제는 '구조적 불황 업종'이 아니라 '구조적 도산 업종'이 되어 버렸어."

"그렇다면 동네 서점을 살릴 방법은 없나요?"

"있어. 중요한 건 구조적 과제는 구조적 해결을 요구한다는 걸 인식하고, 출판계 전체가 발 벗고 나서는 거야. 결론적으로 출판사가 도매상에 납품하는 공급률, 즉 할인율을 낮춰 도매상과 서점이 적정한 이익을 확보할 수 있게 하거나, 리베이트를 지급하는 방식으로 지원할 수 있어."

"하지만 출판사들도 어려운 상황 아닌가요?"

"출판사는 어느 정도 이 비용을 책값에 반영할 수 있어. 그렇지 않으면 2028년이 오기 전에 많은 서점이 문을 닫을 수밖에 없을 거야."

"그럼 누가 먼저 나서야 하나요?"

"우선, 가장 어려운 상황에 처한 서점들이 자구책을 찾아야 해. 살아남기 위한 노력을 시작해야 한다고 생각해."

"구체적으로 어떻게 하면 되나요?"

"서점은 이제 '앉아서 죽느냐, 행동하느냐'의 갈림길에 있어. 토한회나 닛판회 같은 지역 서점 단체나 각 시도의 서점조합들은 '서점 마진 30% 요구 결의'를 할 때야. 이 시점에서 도매상은 서점의 편에 서서 그들의 목소리를 들어주고, 출판사와 협상을 해야 해. 북셀러즈 & 컴퍼니의 사례처럼 말이지."

"그렇군요."

"토한은 잡지 시장의 70%를 점유하는 도매상이야. 그 힘을 이용해 서점과 도매상을 위한 협상을 이끌어야 해. 전국의 서점들이 한목소리로 '서점 마진 30%' 운동을 시작해야 해. 그게 시작점이 될 거야."

"서점은 또 어떤 변화가 필요할까요?"

"서점도 노력해야 해. '신간을 스스로 주문할 의지와 능력'을 보여줘야 하지. 서점이 자율적으로 신간을 매입하고, 그 결과가 출판사의 제작 부수에도 반영되어야 해. 그래야 서점도 소매점으로의 역할을 제대로 할 수 있지."

"도매상에 의존하던 신간 배본 시스템을 벗어나는 거군요."

"맞아. 그리고 야하타 씨가 말했던 것처럼, 서점도 '스테디셀러 매입'을 통해 리스크를 감수하고 이익을 창출해야 해. 출판사도 서점을 지원할 준비가 돼 있어. 중요한 건 서점이 기존 방식에서 벗어나려는 의지와 각오를 보여주는 거야. 모든 서점이 생존을 위해 자율적으로 매입에 도전해야 해."

"위기에 처한 서점들이 해야 할 행동은 무엇인가요?"

"결국 모든 건 그들의 행동에 달려 있어."

제2부

주목받는

개성적인

서점에서

볼 수 있는

희망

제7화
서점업계의 '재생 청부업자' 등장

❋

"사토시, 계속 어두운 이야기만 했으니, 이제는 각지에서 열심히 활동하고 있는 서점 이야기를 해볼까 해. 이번에는 출판계에서 주목받고 있는 교토의 오가키 서점 이야기를 해줄게."

"듣고 싶네요."

"오가키 서점은 이 출판 불황 속에서도 2023년 8월 결산에서 매출 증가를 기록했어. 이 서점이 주목받는 이유는 단순히 다른 사업을 병행해서가 아니라, 도서 판매의 비중이 압도적으로 높다는 점 때문이지."

"그런 이야기를 기다리고 있었어요."

"오가키 서점은 1942년에 교토에서 창업했고, 지금은 홋카이도, 도쿄, 아이치현, 히로시마현 등 여러 지방 서점과 제휴해 재생을 돕고 있어. 이 서점은 특히 오가키 젠오 사장이 2021년에 사장직을 물려받으면서 본격적인 변화를 모색했지. 서점 재생의 비결을 물었을 때 의외의 답변이 돌아왔어."

"어떤 답변이었어요?"

"오가키 사장은 이렇게 말했어. '출판사 KADOKAWA가 대형 서점 그룹에 실천하고 있는 것을 다른 대형 출판사들이 실행하기만 해도 출판 유통의 풍경은 크게 달라질 것이다.' 출판 유통 구조를 개선하는 데 있어 출판사의 역할이 매우 중요하다는 의미였지."

서점이 책의 힘을 믿지 않는다면
어떻게 할 것인가!

오가키 서점 대표 이사 오가키 마사오大垣全央

── 먼저, 출판 불황에도 불구하고 2023년 11월에 도쿄 첫 진출을 이루셨습니다. 특히 도쿄의 부유층 지역인 아자부다이 힐즈에 새롭게 문을 열게 되었는데, 임대료가 만만치 않았을 것 같습니다.

오가키: 의외로 서점을 응원해 주시는 분들이 많습니다. 모리빌딩 주식회사가 아자부다이 힐즈라는 새로운 빌딩을 지을 때 대형 서점 유치가 반드시 필요하다는 지역 주민들의 의견을 받아들여, 모리빌딩 측에서 저희에게 입점을 제안해 주셨습니다. 저희가 운영하고 있는 오가키 서점 교토 본점이나 호리카와 신문화 빌딩점에서의 다양한 노력을 높이 평가했다고 하시더군요. 서점이 높은 임대료를 감당하기 어렵다는 걸 잘 알고 있어서 열린 마음으로 협

상해 주셨습니다.

── 출판계가 어려운 상황인데, 이런 긍정적인 소식을 들으니 기쁘네요.
오가키 서점은 '지방 서점의 존속과 지역 독자를 위해'라는 목표를
내걸고 지방 서점들과 연합 조직을 만들고 계십니다. 특히 히로시
마의 고분칸 등 여러 서점을 재생시키고 계신데, 가장 중요하게 생
각하는 것은 무엇인가요?

오가키: 서점을 재생하는 일은 어디서나 어렵지만, 기존에 일하
던 직원들의 열정을 끌어내고, 그들이 마음껏 일할 수 있는 환경을
만들어 주는 게 중요합니다.

── 파산한 서점 직원들의 사기가 많이 떨어졌을 텐데도 활기차게 일하
고 있다니 놀랍네요. KADOKAWA와의 협력에 대해 좀 더 설명해
주시겠습니까?

오가키: 우선 신간 매입에 대한 부분입니다. KADOKAWA에서
매입 제안 수량을 제시하지만, 최종적으로 매입할 수량은 저희가
결정합니다. 추가 주문도 신속하게 이뤄져서, 다음 날 바로 원하는
만큼 공급받을 수 있습니다. (일반적으로는 도매상을 통해 며칠 후
에 공급되며, 수량이 줄어들기도 합니다) 이 시스템 덕분에 서점이
매입 능력을 제대로 발휘할 수 있습니다.

── 서점의 매입 결정권이 강화되었군요.

오가키: 그렇습니다. 도매상은 신간 배송, 반품 물류, 결제 업무만 맡고 있어요. 그 결과 저희 서점의 KADOKAWA 도서 판매 실적은 크게 늘었고, 반품률도 업계 평균의 절반 수준인 20%대로 줄었습니다.

—— **대단한 성과군요.**

오가키: 사실, 도매상이 이 역할을 맡아주면 가장 이상적이겠지만, 그 실현까지는 시간이 걸릴 것 같습니다. 서점이 남은 시간이 많지 않다는 점에서 다른 출판사들도 이 방식을 도입했으면 좋겠어요. 일부에서는 RFID를 도입하여 책을 개별 관리하려는 움직임이 있는데, 이를 통해 순수익을 낮춰도 좋은 조건에서 책을 매입할수 있으면 좋겠습니다.

—— **서점이 이 어려운 시대에 어떻게 대처해야 한다고 보시나요?**

오가키: 서점은 더 많은 독자와 소통해야 합니다. 서점이 책의 힘을 믿고, 특히 Z세대를 겨냥해 편집부터 마케팅까지 새로운 시도를 해야 합니다. Z세대에게 다가가는 방법을 찾아야 합니다.

고지마의 해설

KADOKAWA와 오가키 서점이 시행하는 신간 배본 방식은, 이전에 산요도 서점의 가토 사장이 제안한 것과 동일합니다. 일본 전국 서점들이 염원하던 신간 배본 시스템의 개선은 결국 도매상이 그 열쇠를 쥐고 있습니다. 마켓 인 방식의 새로운 배본 시스템이 실제로 도입되는 날이 더욱 기대됩니다.

"사토시, 오가키 사장 이야기를 듣고 어떤 생각이 들었어?"

"이렇게 도전적인 서점이 존재한다는 게 정말 신선한 충격이었어요."

"내가 이번 취재에서 가장 인상 깊었던 이야기를 하나 더 들려줄게."

"또 무슨 이야기인가요?"

"오가키 서점에서 북&카페 아르바이트 모집을 했을 때 실제로 있었던 일인데, 그 카페는 영화관이 함께 있는 대형 쇼핑몰 내에 있어. 그런데 면접을 보러 온 젊은이들이 '책도 안 사고, 영화도 안 보고, 물건도 안 산다'며 모든 걸 스마트폰으로 해결한다고 하더군."

"우리 학교에도 그런 친구들 많아요."

"그뿐만이 아니야. 그들이 했던 말 중 가장 충격적인 건 '종이책은 어디에서 살 수 있나요?'였어."

"정말 놀랍네요. 하지만 종이책이 그들에게는 신선한 매체일 수도 있겠어요. 요즘 라디오나 카세트테이프가 다시 유행하는 것처럼요."

"맞아. 출판계가 어떻게 노력하느냐에 따라 젊은 세대에게 종이책을 새롭게 매력적으로 보이게 할 기회가 많을지 몰라."

제8화

서점만큼 안전한 장사는 없다

"이제부터 소개할 호라모토 씨는 5살 때부터 동네에 책을 배달하고, 7살 때는 계산대에 섰던 서점 주인이야. 지금은 중년이 되었지만 여전히 그림책 전문가로서 아이들이 그림책과 만날 수 있는 자리를 만들어 주고 있어. 그의 균형 감각은 정말 탁월해. 그런 타고난 서점 주인의 이야기를 들려줄게."

"정말 궁금해지는데요, 어떤 서점인가요?"

"후타바 서점이야. 교토를 본거지로 두고 있지만, 도쿄, 나고야, 오사카에도 매장을 운영하고 있어. 최근에는 시가현에도 새 매장을 열었고. 서점은 10개, 그림책 전문점 1개, 잡화점은 15개나 돼. 같은 교토에 본사를 둔 오가키 서점과는 성격이 완전히 달라. 호라모토 씨의 이야기는 정말 흥미로울 거야."

서점도 위험을 무릅쓰고
매점매석에 도전해봅시다!

후타바 서점* 대표이사 호라모토 마사야洞本昌哉

호라모토: 서점만큼 안전한 장사도 없어요. 우리 서점은 책도 취급하고 잡화도 판매하는데, 잡화는 매입한 상품을 6개월이 지나기 전에 처리하지 못하면 손해를 보게 되죠. 하지만 책은 팔리지 않으면 그대로 반품할 수 있잖아요. 그래서 책은 상대적으로 안전한 사업이에요. 코로나 사태로 사람들이 집에만 있게 되면서 책에 대한 수요가 크게 늘었고 매출도 증가했죠. 그래서 서점도 이제는 어느 정도 리스크를 감수하고 대량 매입에 도전해야 한다고 생각합니다.

—— 그건 서점업계의 위탁제도와 재판제도에 대해 경종을 울리는 말씀이네요.

호라모토: 서점은 이제 책만으로는 생존할 수 없습니다. 책 판

• 교토를 본거지로 하여 오사카, 도쿄, 나고야 등 여러 지역에 매장을 운영하는 일본의 대표적인 서점 체인입니다. 1947년에 창업하여 70년이 넘는 역사를 자랑하며, 현재는 약 10개의 서점과 15개의 잡화점을 운영하고 있습니다. 후타바 서점은 단순한 책 판매를 넘어, 잡화와 생활용품까지 취급하며 지역 서점의 역할을 넓히고 있습니다. 또한 그림책 전문점도 운영하여 어린이와 부모들에게 독서 문화를 장려하는 등 다양한 독자층을 위한 서비스를 제공하고 있습니다. 후타바 서점의 대표이사 호라모토 마사야는 서점의 경영을 다각화하는 동시에, 지역 작가들과의 협업을 통해 "지역 서점 재생"이라는 중요한 목표를 실천하고 있습니다.

매 수익만으로는 부족하기 때문에 다른 상품을 취급하여 수익을 다각화해야 합니다. 서점에서 다양한 상품을 취급하는 것은 이제 선택이 아닌 필수입니다. 더 이상 도매상에만 의존해서는 안 됩니다. 저희 후타바 서점은 300개가 넘는 매입처를 두고 있습니다. 닛판도 중요한 거래처이지만, 그중 하나에 불과합니다.

—— **그렇다면 서점의 미래는 어떤 모습이어야 할까요?**

호라모토: 서점은 단순한 판매처가 아니라 저자와 독자가 만나는 장소로 발전해야 합니다. 저희는 저자와 독자를 온라인으로 연결해 대화를 나눌 수 있도록 하고, 도서관장과 함께 책의 매력을 알리는 기획을 진행하고 있습니다. 어려운 상황 속에서도 서점 주인들은 책을 사랑하고, 책을 통해 독자와 교감할 수 있는 공간을 만들기 위해 노력해야 한다고 생각합니다.

—— **도매상에 바라는 점이 있으신가요?**

호라모토: 도매상과 서점의 관계는 B2B 관계입니다. 서점과 독자의 관계는 B2C죠. 도매상도 서점과 함께 독자를 위한 방향으로 고민해야 한다고 생각합니다. 닛판과 토한의 물류 통합이 더 진전되었으면 좋겠습니다만, 두 회사만 남은 도매상 시장의 과점은 매우 우려스럽습니다.

—— **출판사에 바라는 점이 있으신가요?**

호라모토: 저희 서점에 오는 독자들은 열성적인 책 애호가들입니다. 이들에게 부가가치가 높은 양질의 책을 제공해 더 많은 독자를 유치하고 가격과 순이익을 높이는 방법을 고민해 주셨으면 합니다. 출판사의 편집자들이 서점에도 그들의 열정을 전달해 주었으면 좋겠어요. 작가님들은 그 자체로 상품화할 수 있는 존재입니다. 출판사와 서점이 함께 저자와 독자가 만나는 특별한 경험을 만들었으면 합니다.

고지마의 해설

호라모토 대표에게 나오키상 수상 작가 이마무라 쇼고 씨와의 만남에 대해 물어보았습니다. 원래는 이마무라 씨의 부친이 운영하는 공연 단체 '간사이 교토 이마무라 그룹'을 통해 인연이 시작되었다고 합니다.

　이마무라 쇼고 씨는 간사이 지역 출신 작가로, 호라모토 대표가 진행하는 '지역 작가 응원 프로젝트'에서 이마무라 씨를 응원하기로 하고, 사인회를 기획했으나 당시 무명이었던 이마무라 씨의 사인회에 모인 사람은 단 8명뿐이었습니다.

　하지만 그 사인회를 계기로 두 사람의 관계는 깊어졌고, 이마무라 씨는 나중에 호라모토 대표에게 "서점을 운영하고 싶다"라고 상담을 했다고 합니다. 이마무라 씨는 2021년 11월 1일, 미노오시에 있는 '기노시타 북센터'의 오너로서 후타바 서점의 프랜차이즈 서점을 열었습니다. 공교롭게도 이 시기는 이마무라 씨가 나오키상을 수상하기 직전이었습니다.

이후 이 서점은 많은 언론의 주목을 받았으며, 이마무라 씨는 이후 시가현에서도 서점을 열게 됩니다. (자세한 내용은 25화에서 다룸) 호라모토 대표는 이마무라 씨의 프로듀서 역할도 맡고 있습니다. 저는 호라모토 대표가 보여준 책과 저자에 대한 깊은 애정에 경의를 표합니다.

"사토시, 호라모토 대표의 이야기를 들으니 어땠니?"

"이렇게 책을 사랑하고 저자까지 생각하는 서점이 있다는 사실이 놀라웠어요. 이마무라 쇼고 씨처럼 작가가 서점을 운영하는 사례가 더 있나요?"

"후쿠시마현 소마시에서 유미리 씨가 서점을 운영하고 있는 게 유일할 거야. 유 씨는 직접 그 지역에 살며 서점을 운영하는데, 굳이 그 정도까지 하지 않더라도 베스트셀러 작가들이 지역 활성화를 위해 서점을 운영하는 건 정말 멋진 시도라고 생각해. 실제로 서점을 열고 싶어 하는 사람들이 많고, 그들에게 경영 노하우를 전수할 사람도 많아. 문제는 자본이지. 작가가 투자한 독특한 서점이 전국 곳곳에 생긴다면 정말 흥미로울 것 같아."

제9화

홋카이도의 눈에도 지지 않는 '네 마리 마차'

❋

"이어서 로컬 체인으로, 좋은 경영 실적을 보이고 있는 서점 대표를
만나 이야기를 들어볼까 해. 사토시 넌 홋카이도 구시로시에 본사
를 두고 '리라이어블 북스'나 '코찬포°'라는 브랜드명으로 홋카이도
에 8개 매장과 도쿄도 1개, 이바라키현에 1개 매장을 운영하고 있
는 서점 체인을 알고 있니?"

"홋카이도는 아무런 연이 없어서 잘 모르겠어요."

"출판계에서는 상당히 주목받고 있는 서점 체인이야."

"어떤 서점인가요?"

• 홋카이도의 리라이어블 북스와 코찬포 서점은 일반 서점 체인과 차별화된 독특한 경
  영 방식으로 주목받고 있습니다. 특히 코찬포는 '책(Book)', '문구(Stationery)', '음악
  (Music)', '음식과 음료(Food & Drink)'를 사업의 네 축으로 삼아, 종합문화공간으로서의
  서점을 추구하는 경영 방식을 갖고 있습니다. 일본의 출판 및 서점업계는 전국적으로 서
  점 수가 감소하는 가운데, 이처럼 다각적인 서비스를 제공하는 서점이 지역 경제와 문화
  활성화에 기여하고 있는 사례가 종종 보입니다. 이러한 경영 전략은 단순히 책 판매에 의
  존하지 않고, 지역사회의 문화적 중심지로 자리매김하는 것이 목적입니다.

"2022년 연매출이 142억 엔이야. 모든 매장이 넓고 지역에서 인기가 많아. '코찬포'는 일본어로 '네 마리 말이 끄는 마차'라는 뜻인데, 그 의미는 '책, 문구, 음악, 음식과 음료'라는 네 가지 사업 축을 상징해. 코찬포 서점의 경영 철학은 서점 운영에 있어 많은 이들이 참고할 만한 모델이야."

첫날에 1만 권을 판매한 안목의 힘

주식회사 리라이어블 대표이사 사장 사토 도키야佐藤曉哉

—— **현재 일본 서점업계의 상황은 심각한 상황입니다. 서점 수가 엄청난 속도로 감소하고 있습니다. 체인점도 전반적으로 매우 어려운 상황입니다. 그 부분에 대해 말씀해 주시겠습니까?**

사토: 서점업계 전체가 플러스인지 마이너스인지 말하자면, 안타깝게도 마이너스라고 생각합니다. 서적만으로 사업을 유지하는 것은 점점 더 어려워지고 있습니다. 저희 회사는 문구나 음식 등 복합 매장이기 때문에, 각각의 사업이 방문 동기를 만들어 매출을 늘리는 구조입니다. 물론 서적 사업만으로는 흑자를 내고 있지만, 복합 매장•이 아니면 힘들어질 것 같다는 생각이 듭니다.

• 리라이어블과 같은 서점 체인은 서적뿐만 아니라 문구, 음료, 음식과 같은 다양한 상품을 취급하는 복합 매장을 운영함으로써 생존 전략을 취하고 있습니다. 이는 서점이 단순히 책을 판매하는 공간에서 벗어나 다양한 고객 경험을 제공하는 멀티 스페이스로 변화하려는 움직임입니다. 일본의 성공적인 서점 체인들은 이러한 복합화를 통해 매출을 늘리고 있습니다.

—— 서적 사업에서 흑자를 낸다는 것은 요즘 같은 시대에 대단한 일이
네요.

사토: 저희는 토지와 건물을 직접 소유하고 있어서 임대료 부
담이 없다는 점이 큰 이점입니다. 임대 매장이 아닌 자체 소유 매장
이기 때문에 그만큼 고정비용이 낮습니다.

—— 홋카이도에 있는 매장은 대부분 임대료가 없습니까?

사토: 처음에는 삿포로시의 우쓰쿠시가오카 점 등에서 토지를
임대하고 건물을 저희가 지어 운영했지만, 그 이후부터는 기본적으
로 토지와 건물을 함께 매입하는 방식을 택하고 있습니다.

—— 4개의 복합 사업 모델은 어떻게 탄생하게 되었나요?

사토: 리라이어블의 시작은 1978년에 저의 아버지인 회장님이
홋카이도 구로시에 미스터 도넛 프랜차이즈를 출점한 것입니다. 당
시 인구 22만 명의 구로시에는 원하는 신간 도서를 구할 서점이 없
었기 때문에 원하는 책을 구로시에서도 살 수 있도록 하기 위해 미
스터 도넛과 비디오 대여점을 함께 운영하면서 1990년에 리라이어
블 북스를 열었고, 이후 문구와 음악 사업까지 확장하면서 현재의
4개 사업을 운영하는 코찬포의 기초가 되었습니다.

—— 서점에서 흑자를 낸다는 것이 매우 인상적인데, 요즘 많은 서점이 매
출총이익으로 운영비를 감당하지 못하는 상황을 어떻게 보시나요?

사토: 저희는 토지와 건물을 소유하고 있어 임대료 부담이 없다는 점에서 운영비를 감당할 수 있습니다. 책의 이익률은 약 23~24%로 다른 상품에 비해 낮지만, 문구와 같은 다른 상품들은 평균 35%의 이익률을 기록하고 있어 전반적으로 이익 구조가 안정적입니다. 요즘 대부분의 서점이 1% 미만의 이익률로 운영되는데, 이 상태로는 전기, 인건비, 카드 결제 수수료 등을 감당하기 어렵습니다. 결국 반품이 많아지면서 악순환이 발생합니다.

—— 서점의 미래에 대해 어떻게 생각하십니까?

사토: 사실 정답이 있었다면 모두가 그 방향으로 갔겠죠 (웃음). 저는 서점이 언어와 문화를 다루는 공간이라고 생각합니다. 그래서 서점인으로서 언어의 힘을 믿고 긍정적인 언어를 사용하려고 노력하고 있습니다. 또한, 종이책을 소중히 여기며, 저 역시 매년 200권 이상의 책을 읽습니다.

—— **리라이어블 서점에서는 직원 교육이 매우 철저하게 이루어지는 것 같습니다.**

사토: 맞습니다. 온라인 서점과 경쟁하기 위해서는 고객 응대 능력이 핵심이라고 생각합니다. 운영비는 어느 정도 절감할 수 있겠지만, 인건비는 줄이지 않으려 합니다. 그렇기 때문에 직원 교육에 많은 시간을 투자하고 있죠.

—— 그 점이 서점 운영에 중요한 역할을 할 수 있겠군요.

사토: 중요한 역할을 하죠. 하지만 서점의 기본적인 수익 구조가 낮아서 운영이 쉽지는 않습니다. 저희 신카와도리 지점만 해도 150명의 직원이 근무 중인데, 이들의 고용을 유지하려면 매출을 계속해서 끌어올려야 합니다. 특히 인력 문제와 관련해 최근 매절 도서가 증가하고 있다는 점도 중요한 요소입니다. 반품률이 줄어들긴 하지만, 그만큼 팔리지 않을 위험도 커지기 때문입니다.

—— 인력 문제와 판매 기회 상실을 연관 지어 말씀하시는 건가요?

사토: 맞습니다. 매절 도서의 재고 리스크가 상당히 크기 때문에, 이런 도서는 신중하게 도입해야 합니다. 잘 팔릴지 예측할 수 있는 직원이 필요한데, 신간이 잘 팔리지 않다가도 특정 계기를 통해 나중에 갑자기 많이 팔리는 경우가 있거든요. 반품 가능한 책은 재고 유지가 쉽지만, 매절 도서는 그렇지 않기 때문에 판단력이 정말 중요합니다.

—— 판단력 있는 직원이 있으면 상황이 달라지나요?

사토: 예를 들어 '귀멸의 칼날' 마지막 권 특장판은, 피규어가 포함된 5,720엔짜리 상품이었습니다. 저희는 10개 지점에서 약 1만 권을 매입했는데, 첫날에만 5,000만 엔 이상의 매출을 기록하며 완판되었습니다.

—— 첫날에 1만 권을 팔았다니 정말 대단하네요!

사토: 네, 같은 날 근처 서점들은 이미 품절 상태였고, 저희 매장에 재고가 있다는 소식이 퍼지면서 손님들이 몰려들었죠. 매입 조건부 도서는 리스크가 크지만, 성공하면 큰 수익을 올릴 수 있습니다. 하지만 반품에 익숙한 서점들은 매절 도서를 취급하는 데 부담을 느낄 수 있습니다. 이러한 사고방식을 바꾸지 않으면, 중요한 기회를 놓치기 쉽습니다. 그래서 서점을 경험해 본 사람들이 반품 불가능한 문구 사업에 실패하는 경우가 많은 것 같습니다. 매절 상품으로 수익률을 높이는 건 좋은 일이지만, 이를 위해서는 매출 흐름을 파악할 수 있는 인재가 필요하고, 그 인재를 키우는 교육이 필수적입니다.

—— 결국, 이런 인재가 없으면 매출과 이익으로 이어지지 않는다는 말씀이군요.

사토: 그렇습니다. 서점이 매절 상품을 취급할 때의 핵심이 바로 그 판단력입니다.

고지마의 해설

사토 사장과의 대화에서 닛판이 로손과 훼미리마트와의 잡지 거래를 중단하는 물류 문제나, 기노쿠니야 서점, TSUTAYA, 닛판이 함께 설립한 북셀러즈 & 컴퍼니에 대한 이야기를 나누었습니다. 그중에서 가장 인상 깊었던 것은 출판업계에서 디지털 트랜스포메이션^{DX*}이 제대로 이뤄지지 않아 발생하는 판매 기회 손실 문제와, 원격지에서 생기는 물류 지연 문제**였습니다.

어떤 책이 출판사의 예상보다 많이 판매되면, 매장에서 재고가 떨어지게 되고 고객이 구매를 원해도, 출판업계는 DX 도입이 미흡해 시장 전체의 유통 재고나 향후 수요를 정확히 파악하지 못합니다. 이로 인해 출판사는 적절한 시기에 재판을 찍지 못해 판매 기회를 잃게 되는 상황이 반복됩니다. 사토 사장은 이러한 점을 안타깝게 여겨, 이 문제를 해결하기 위해 4부에서 다룰 퍼브텍스^{PubteX} 시스템에 큰 기대를 걸고 있었습니다. 퍼브텍스$^{•}$는 고단샤, 쇼가쿠칸, 슈에이샤가 마루베니와 함께 시작한 프로젝트입니다.

"참 흥미로운 서점 체인이지?"

"그러네요. 1화에서 주요 서점 실적을 보면, 이 서점이 확실히

---

* 디지털 트랜스포메이션(Digital Transformation)은 기업이 급변하는 비즈니스 환경에 대응하고, 데이터와 디지털 기술을 활용하여 고객과 사회의 요구를 기반으로 비즈니스 모델을 혁신함으로써 경쟁 우위를 확보하는 것을 의미합니다.

** 홋카이도와 같은 원거리 지역에서는 더욱 심각합니다. 잡지나 만화의 발매일이 수도권 지역 서점에 비해 3일이나 늦어지는 것은, 독자들이 인터넷으로 책을 쉽게 구할 수 있는 현대에 있어서 치명적인 약점이 되고 있으며, 이로 인해 지방 서점에 대한 독자들의 신뢰가 날마다 손상되고 있는 상황을 출판 관계자들은 진지하게 받아들여야 합니다.

• 퍼브텍스PubteX는 일본의 대형 출판사와 상사들이 출판 유통의 효율성을 높이기 위해 만든 디지털 플랫폼입니다. 출판계의 유통 개선을 위한 디지털 트랜스포메이션의 일환으로, 한국에서도 유사한 디지털 플랫폼이 필요하다는 목소리가 커지고 있습니다. 퍼브텍스와 같은 플랫폼이 구매 데이터 분석을 통해 유통 효율성을 극대화하는 방식은 한국 출판업계에서도 유익한 참고 사례가 될 수 있습니다.

이익을 내고 있었던 것으로 기억하는데요."

"이 서점은 단순히 책만 파는 것이 아니라, 문구와 음식점 같은 다양한 사업을 통해 시너지를 창출하고 있어. 또한 자사 건물에 출점해 임대료 부담을 없애면서 운영 비용을 줄이고, 이익을 극대화하는 훌륭한 경영 방식을 보여주고 있지."

"이런 이야기를 들으니, 서점의 미래에 대해 조금은 희망을 가질 수 있을 것 같아요."

제10화

엔지니어 서점 직원이 일으킨 서점 혁명

"지금까지는 지방에서 활발히 운영되는 체인점 이야기를 했지만, 이번에는 개별 서점에 대해 얘기해 볼게. 여러 지역 서점들이 전년도 대비 매출이 감소하는 상황에서도 꾸준히 매출을 올리고 있는 서점이 하나 있어."

"정말 대단한 일이네."

"교토역 하치조 출구에 위치한 후타바 서점 하치조구치점이야. 이 서점은 약 50평 규모로, 작은 서점이지만 매출 상승세가 무서울 정도야. 뒤에 나오는 표4에서 볼 수 있듯이, 전년도 대비 두 자릿수 성장을 기록했고, 업계 평균을 크게 웃돌고 있어. 물론 이 서점이 신칸센역 근처에 위치해 있어서 유동 인구 증가의 영향을 받았고, 작년 10월 전면 개장도 긍정적으로 작용했어. 하지만 그럼에도 불구하고 이 서점의 운영 방식은 다른 서점들이 참고할 만해. 이 서점은 나중에 등장하는 쓰시마 사카에 씨가 후타바 서점의 위탁을 받아 운영하게 되었고, 오늘 이야기할 혼조 마사유키 씨가 그 혁신을 주도했어."

"혼조 씨는 어떤 사람이야?"

"혼조 마사유키 씨는 원래 전자공학을 전공했고, 나고야에 살고 있어. 출판업계에 들어오기 전에는 전자 회로 설계자로 일했지. 서점 직원 중에서 회로도를 읽을 수 있는 사람은 드물 텐데, 그게 서점 운영에 어떤 도움이 될지는 모르겠지만, 혼조 씨는 서점에서 '판매를 과학적으로 분석'하기 시작했어. 그가 시도한 세 가지 방법이 있어."

"판매를 과학적으로 분석했다고? 그 세 가지가 뭔데?"

서점에서 가장 즐거운 일은
입고와 진열입니다
프로페셔널 서점 디렉터 혼조 마사유키本庄将之

—— **이 서점에서 시도한 가장 눈에 띄는 사례를 들려주시겠어요?**

혼조 : 제가 서점을 운영하면서 중요하게 여긴 방침은 크게 세 가지입니다.

1. 현장의 자율성을 존중한다.
직원들이 자유롭게 자신의 의견을 펼칠 수 있도록 장려했습니다. 예를 들어, 각 직원이 자유롭게 활용할 수 있는 '자유 선반'을 만들었어요. 또, 각 담당자가 직접 상품을 선정하거나 입고 예산, 장식 예산까지 자유롭게 결정할 수 있도록 했습니다. 그 결과, 직원들로 부터 창의적인 아이디어가 많이 나왔고, 매장 운영에 긍정적인 영 향을 미쳤습니다.

2. 숫자로 분석하다.

모든 직원이 손익분기점을 의식하면서 일하도록 유도했습니다. 장

표4 후바타 서점 하치조구치점 성장률

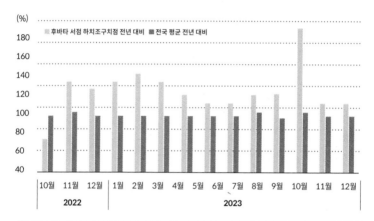

연도	2022	2022	2022	2023	2023	2023	2023	2023	2023	2023	2023	2023	2023	2023	2023
월	10월	11월	12월	1월	2월	3월	4월	5월	6월	7월	8월	9월	10월	11월	12월
하치조구치점 성장률	73.8%	121.9%	118.6%	121.1%	133.3%	122.8%	110.5%	107.3%	103.6%	114.4%	117.4%	100.0%	170.1%	102.4%	101.1%
전국 평균 전년	91.9%	95.6%	92.4%	94.1%	93.7%	94.1%	93.5%	92.9%	91.9%	96.0%	92.1%	96.3%	93.9%	95.4%	97.6%

※1: 2022년 10월은 개장, 실질 영업일 20일
※2: 1,300곳의 POS 데이터에 의함 (닛판 홈페이지 참조)
※3: 대상은 서적, 잡지, 개발품, 잡화는 제외
※4: 2023년 10월 후바타 서점 하치조구치점의 성장률은 전년도 동일 월의 개장 기간으로 인해 170% 성장률

표 작성: 무라카미 켄지

르별로 목표 매출액을 설정하고, 이를 바탕으로 PDCA 사이클(계획, 실행, 확인, 조정)을 꾸준히 적용해 매출 관리 시스템을 도입했습니다. 재고 관리도 데이터에 기반해 이루어졌습니다. 닛판이 제공하는 비활동 품목 데이터를 활용해 불필요한 재고를 줄이고, 적정한 재고를 유지하도록 했습니다. 그 결과, 후타바 서점 하치조구치점의 2024년 3월 기준 상품 회전율*이 5회전으로, 업계 평균 2.5회전보다 두 배 이상의 효율을 기록했습니다.

3. 상품의 브랜드 관리를 현장에 위임하다.

후타바 서점은 체인점임에도 불구하고 각 매장의 자율성을 존중해 '현장의 재량에 따른 상품 구성'이 가능했습니다. 직원들이 책의 입고와 진열 과정에 적극적으로 참여하게 하여 그들의 의욕을 최대한 끌어올렸습니다. 이런 점에서 서점 운영의 중요한 요소인 상품 진열은 그 자체로 큰 즐거움이 되었습니다.

── **데이터를 중요시하는 혼조 씨가 추가로 필요하다고 생각하는 데이터는 무엇인가요?**

혼조 : 제가 가장 필요하다고 생각하는 데이터는 '고객 분석 데이터'입니다. 고정 고객, 관광객, 비즈니스 고객 등이 각각 얼마나 되는지 알 수 있다면, 이를 토대로 상품 구성을 최적화할 수 있을

• 서점업계에서 '상품 회전율'은 일정 기간 내에 재고가 얼마나 빨리 소진되고 새로운 상품으로 대체되는지를 나타내는 지표입니다. 회전율이 높을수록 운영 효율이 높다는 뜻입니다.

겁니다. 하지만 현재 출판업계에는 이런 데이터가 거의 없어요.

—— 매출이 어려운 서점 동료들에게 해줄 말이 있다면요?

혼조: 고객들은 서점을 신뢰할 수 있는 장소로 생각합니다. 하지만 지금은 고객들이 정보를 얻는 방식이 다양해졌습니다. 서점은 이제 단순히 책을 판매하는 장소가 아니라, 가격 설정이나 매입 방식에서 혁신을 추구해야 합니다. 저는 직원들이 진심으로 선택한 책들이 서가에 진열되었을 때, 그 서가가 고객과 서점 직원 간에 무언의 대화가 이루어지는 공간이 된다고 믿습니다. 서점 직원의 책에 대한 애정은 결국 고객의 만족으로 이어지죠.

고지마의 해설

혼조 씨를 처음 알게 된 건 쓰시마 씨의 소개로 후타바 서점 하치조구치점 프로젝트에서 함께 일하게 되면서였습니다. 혼조 씨가 이 서점에서 시도한 세 가지 방법은, 사실 어느 서점에서도 실행할 수 있는 간단한 방법들이었습니다. 그럼에도 불구하고, 이러한 시도들은 서점에서도 디지털 트랜스포메이션DX을 실현할 수 있음을 보여주는 좋은 사례입니다.

혼조 씨의 아버지인 쿠메노 노리아키 씨는 나고야의 전통 서점 호시노 서점과 이마진 하쿠요에서 오랫동안 일하셨습니다. 혼조 씨는 그런 아버지를 보며 서점 운영에 대해 깊은 감명을 받았고, 자연스럽게 서점 일을 시작하게 되었습니다.

혼조 씨는 서점에서 서적뿐 아니라 잡화도 함께 취급했는데, 다른 업계에서의 경험이 풍부하여 매입 방식에 대해 거부감이 없었습니다. 예를 들어, 교토의 한 절에서 만든 비건 카레(세금 포함 1,620엔)를 과감하게 들여와 355개나 판매하는 성과를 거두었죠. 이 사례는 상품의 성공 여부가 매장의 위치보다는 담당자의 열정과 의지에 달려 있다는 것을 증명하는 사례입니다.

혼조 씨는 고객 분석 데이터의 필요성을 강조했는데, 이는 제11화에 등장하는 나가사키 서점의 나가사키 겐이치 사장도 같은 요청을 한 바 있습니다. 지역 서점이 독자적인 상품 구성을 하려면, 고객 성향 분석과 같은 데이터가 필수적입니다. 앞으로는 대규모 데이터를 분석할 수 있는 능력을 갖춘 기업들이 이 문제를 해결하는 데 힘쓸 것으로 보입니다.

"사토시, 혼조 씨 이야기를 어떻게 들었어?"

"혼조 씨는 정말 흥미로운 경력을 가진 사람이네요. 이런 분이야말로 침체된 출판계를 변화시킬 수 있을지도 모르겠어요. 혼조 씨가 판매를 과학적으로 분석하고, 무라카미 씨가 수치 분석을 도와주는 모습을 보면, 그들이 다른 곳에서도 큰 역할을 할 수 있을 것 같아요."

"맞아, 그게 가장 흥미로운 부분이지. 혼조 씨의 네트워크가 점점 넓어지고 있어. 예를 들어, 제21화에서 다룰 히로시마의 사토 도모노리 씨와의 협업도 그렇지. 사토 씨가 2024년 5월에 히로시마현 쇼바라시에 오픈하는 '호나비'라는 새로운 서점에서 함께 일하게 되었어. 이 두 사람이 만들어 갈 서점이 어떤 모습일지, 출판계가 주목하고 있어. 나도 기대가 돼."

제11화

서점이 목표로 삼는 지역 시장

"삼촌, 많은 책방을 소개해 주셨는데, 제일 좋아하는 책방은 어디예요?"

"그건 쿠마모토시 카미토리에 있는 나가사키 서점이야."

"의외의 대답이네요. 그건 어떤 책방이고, 사장님은 어떤 분이세요?"

"이야기가 좀 길어질 텐데, 들어봐. 나가사키 겐이치 씨는 매우 조용하지만 굳은 신념을 가진 분이야. 2001년에 가업인 나가사키 서점을 이어받기 위해 아오야마 학원을 그만두고 고향으로 돌아왔지. 새로운 서점을 만들고 싶었지만, 아버지와 고참 직원들의 반대에 부딪혀 개혁이 쉽지 않았어. 그때 후쿠오카의 '북스 큐브릭'의 오이 미노루 씨를 만나 큰 영감을 받게 됐지. 결국, 2006년에 서점을 전면 리뉴얼했어."

"그렇게 개혁을 하셨군요. 더 이야기가 있나요?"

"2014년에는 한때 문을 닫았던 '나가사키 지로 서점'을 복원했어. 이 서점은 문학가 모리 오가이가 자주 찾던 곳으로 유명하거든. 그 후 2016년에 쿠마모토 지진이 일어났을 때, 리뉴얼 덕분에 서점의 내진 성능이 강화되어 큰 피해를 입지 않고 영업을 계속할 수 있었지. 주변 상점들이 문을 닫는 동안에도 나가사키 서점은 운영을 이어가면서 책을 찾는 손님들에게 큰 힘이 되었고, 매출도 증가했어."

"이렇게 하면 개인 서점은 살아남을 수 있다

나가사키 서점 대표이사 나가사키 겐이치長崎健一

—— **이 서점의 특징을 알려주세요.**

나가사키 대표: 북스 큐브릭의 오이 씨 가게를 참고해 감각적인 인테리어와 조명을 꾸몄습니다. 서적 구성도 문학뿐 아니라 만화, 인문서, 미술서까지 다양하게 준비되어 있어요. 1층은 매장과 갤러리로 구성되었는데, 이 갤러리에서는 전시 판매뿐 아니라 근처 예술 전문 학교의 졸업작품 전시회도 열리고 있죠. 2층은 임대 공간으로 수익을 얻고, 3층은 이벤트 홀로 사용해 다양한 행사를 진행하고 있어요.

—— **최근 몇 년간 서점에서 일어난 변화에 대해 말씀해 주세요.**

나가사키 대표: 서점업계가 전체적으로 매출이 감소하는 상황에서 전기, 난방비, 인건비 등 고정비는 계속 상승하고, 전자결제 수

수료 부담●도 점점 커져 운영이 어렵습니다. 그럼에도 불구하고, 구마모토 지진 때 주변 상점들이 휴업할 때나 코로나로 인해 책에 대한 수요가 증가할 때, 그리고 지역 크리에이터들과 협업●●한 기획을 통해 매출이 크게 상승한 적도 있습니다.

—— **정말 흥미로운 시도들이네요.**

나가사키 대표 : 하지만 정말 충격적이었던 건 도쿄 요요기우에하라에서 오랫동안 성실하게 운영하던 '고후쿠 서점'이 문을 닫은 일이었어요. 그렇게 알뜰하고 성실하게 운영하던 서점도 문을 닫았다는 사실이 저에게 큰 충격이었죠. 고후쿠 서점의 폐점은 서점업계의 위기를 상징하는 신호탄이었을지도 모릅니다.

—— **안타깝네요. 그렇다면 서점을 운영할 때 가장 중점을 두는 부분은 무엇인가요?**

나가사키 대표 : 서점 운영이 어렵긴 하지만, '일상 속에서 자주 찾고 새로운 발견이 있는 서점'을 만들기 위해 노력하고 있어요. 작

● 일본에서는 최근 몇 년간 전자결제가 확산되면서, 소규모 서점들이 전자결제 수수료 문제에 직면하고 있습니다. 이는 일본 서점업계에서 중요한 이슈로, 특히 지방에 있는 독립 서점들이 타격을 입고 있습니다. 한국의 경우도 전자결제 수수료가 중요한 문제이긴 하지만, 일본과는 결제 방식이나 소비자 선호도가 다르기 때문에 영향을 받는 방식이 다소 차이가 있습니다.

●● 일본에서는 지역 크리에이터들과의 협업을 통해 지역 서점이 지역 커뮤니티와의 연계를 강화하는 사례가 늘어나고 있습니다. 한국에서도 이러한 움직임이 나타나고 있으며, 지역 문화 행사나 작가 초청 행사 등을 통해 독자와의 소통을 활성화하는 시도가 많아지고 있습니다.

가와의 기획 전시나 지역 크리에이터들과 협업을 통해, 구마모토에서 반드시 들러야 할 명소 같은 서점이 되는 것이 목표입니다.

고지마의 해설

나가사키 씨의 생각은 출판업계에 시사하는 바가 큽니다. 그는 "출판사나 도매상이 생각하는 마켓 인과 서점이 추구하는 마켓 인은 다르다"며, 출판계가 브랜드 중심의 대중적 접근법˚에 치중하는 반면, 지역 서점은 지역 생활과 밀접하게 연결된 시장을 형성해야 한다고 강조합니다. 이를 통해 고객의 구체적인 구매 패턴과 고객층의 책 선택 경향을 파악하고, 이를 바탕으로 맞춤형 마케팅 전략을 세워야 한다고 말합니다.

그의 관점은 마케팅에서 '맥주와 기저귀' 일화˚˚와 유사한 크로스셀 전략으로, 고객의 구매 데이터를 분석해 관련 상품을 함께 추천하거나 객단가를 올릴 수 있는 기회를 제공하는 방식입니다. 하지만, 이런 데이터를 적

- ˚ '마켓 인(Market-in)'은 일반적으로 고객의 요구를 먼저 파악하고 그에 맞추어 제품이나 서비스를 제공하는 전략을 의미합니다. 나가사키 씨가 강조하는 것은 지역 서점의 마켓 인은 대규모 도매상의 마켓 인과 달리 지역 고객의 구체적인 생활 방식과 맞닿아 있다는 점입니다. 반면, 도매상이나 대형 출판사의 접근은 대중적이거나 브랜드 중심의 전략에 더 중점을 둡니다. 한국에서도 비슷한 경향이 있지만, 지역 서점의 특수성에 대한 인식은 일본보다 약할 수 있습니다.

- ˚˚ '맥주와 기저귀' 사례는 마케팅에서 자주 언급되는 일화로, 두 상품을 나란히 진열했을 때 동시에 구매가 증가했다는 데이터 기반 마케팅 사례입니다. 이는 데이터 분석을 통해 소비자 행동 패턴을 파악하는 전략의 대표적인 예로, 출판업계에서도 이러한 분석 기법을 통해 고객의 구매 패턴을 파악하고 마케팅에 적용할 수 있다는 점을 나가사키 씨가 강조하고 있습니다. 한국에서도 데이터 기반 마케팅의 필요성이 커지고 있지만, 출판업계에서의 적용은 아직 초기 단계에 있습니다.

극적으로 마이닝하는 사고방식을 출판계에서는 거의 찾아보기 힘들며, 그를 비롯한 소수의 서점 주인만이 이러한 접근을 채택하고 있습니다.

특히, 이러한 사고방식은 일본 대형 출판사와 상사들이 추진하고 있는 퍼브텍스PubteX 프로젝트와 같은 디지털 혁신 프로젝트에서도 연구하고 적용해 볼 만한 가치가 있는 방법론입니다. 퍼브텍스는 출판 유통의 디지털화를 통해 출판계의 구조를 개선하려는 프로젝트로, 나가사키 씨의 데이터 기반 접근법과 접목된다면 더욱 효과적인 결과를 도출할 수 있을 것입니다.

"사토시, 나가사키 씨 이야기는 어떻게 들었어?"

"서점에 취업하기 전에 꼭 가보고 싶은 곳이네요."

"그렇다면 내가 소개해 줄 테니, 직접 나가사키 씨를 만나 이야기를 들어보는 건 어때?"

"어떤 이야기를 들을 수 있을까요?"

"그의 경영 방식의 대단함이지."

"어떤 점에서요?"

"그는 경영을 다각화하면서도, 서점 사업에서 반드시 흑자를 내겠다는 원칙을 고수하고 있어. 그래서 서점의 수익 보고서를 직원들과 투명하게 공유하지. 거기엔 매출과 비용이 모두 기록돼 있고, 어떻게 흑자를 낼 수 있을지 나가사키 사장뿐만 아니라 모든 직원이 함께 고민하는 구조야."

"모든 직원이 경영 상태를 이해하면서 일하는 투명한 경영이네요."

제12화

독립 서점 선구자들의 장사법을 배운다

"사토시, 이번에는 독립 서점에 대한 이야기야. 최근 여기저기에서 생겨나는 독립 서점들이 많이 생겨나고 있다는 이야기 들어봤니?"

"네, 들어봤어요. 규모는 작지만 개성 넘치는 책 구성과 소규모 이벤트를 열면서 독특한 매력을 가진 서점들이죠. 특히 도쿄에 많이 생겨나는 것 같더라고요."

"맞아. 오늘은 그 독립 서점의 선구자라고 할 만한 한 인물을 소개하려고 해. 많은 서점이 금방 문을 닫곤 하는데, 이 사람은 확실히 다르지."

"어떤 사람이죠?"

"책, 록Rock, 럭비를 사랑하는 오이 씨라는 분인데, '오른손에는 주판, 왼손에는 논어'를 실천하는 치밀한 경영 철학을 가진 사람이야. 그의 책을 읽으면 알 수 있겠지만, 정말 독특한 경력을 가지고 있지. 후쿠오카 최고의 명문이자 럭비 명문인 후쿠오카 고등학교에서 럭비부 주장으로 활동했고, 이후 동지사대학에 진학했어. 버블 경제 시절 사회에 나가 모리 히데오 재단을 거쳐 이탈리아 밀라노에서 야외 조각전을 기획하기도 했지. 귀국 후에는 오사카의 갤러리에서 일하다가 고향으로 돌아와 고등학교 동창이자 건축가인 아내와 결혼했어."

"정말 흥미로운 경력이네요. 그런데 서점 운영과는 어떻게 연결되는 거죠?"

"오이 씨는 후쿠오카로 돌아온 후 독립적으로 일을 하고 싶다는 생각에 서점에서 일하기 시작했어. 세키분칸 서점에서 아르바이트를 하다가 점차 서점 운영에 푹 빠져들게 된 거지. 그러다 어느 날, 후쿠오카의 고급 주택가인 아카사카의 케야키 거리에서 작은 매물을 발견하고, 저축과 대출을 통해 15평짜리 공간을 사서 2001년에 서점을 열었어. 그 서점의 이름이 '북스 큐브릭'이야. 이름에서 뭐가 떠오르지?"

"음… 혹시 영화감독 스탠리 큐브릭?"

"맞아! 큐브릭처럼 개성 있고 혁신적인 정신을 바탕으로 서점을 운영하고 있어."

서점은 사람과 사람을 이어주는 장소이기도 합니다

북스 큐브릭 대표이사 오이 미노루大井実

—— **아카사카 매장의 세련된 디자인과 도서 선정에 대해 말씀해 주세요.**

오이 대표 : 아카사카 매장의 인테리어 디자이너인 제 아내가 설계했습니다. 그리고 매장에 진열된 모든 책은 제가 직접 골랐습니다. 특히 매장을 임대가 아닌 매입을 했다는 점이 수익을 올리는 데 크게 기여했습니다.

—— **북오카와 두 번째 매장인 하카자키점에 대해서도 이야기해 주세요.**

오이 대표 : 북오카[•]는 2006년에 시작된 북 페스티벌로, 후쿠오카의 케야키 거리를 따라 약 800m 구간에 부스를 설치해 사람들이 책을 즐기는 축제입니다. 해마다 많은 사람이 찾고 있습니다. 2008년에는 두 번째 매장인 하카자키점을 열었는데, 1층에는 제가 신문 서평에 소개했던 책들이 진열되어 있고, 2층은 카페와 갤러리로 운영 중입니다. 또한, '서점의 빵집'이라는 이름으로 직접 빵을 제조·판매하고, 인터넷 쇼핑몰도 운영하여 다양한 상품을 판매하고 있습니다.

—— **매장에서 진행하는 이벤트에 대해 알려주세요.**

오이 대표 : 서점의 잠재력을 최대한 발휘하기 위해 정기적으로 작가 토크 이벤트를 열고 있습니다. 이를 통해 하카자키점에 애정을 가진 작가들도 많아졌고, 유명 작가들이 자주 방문합니다. 이 이

• '북오카'는 후쿠오카에서 시작된 종합 북 페스티벌로, 지역 서점들이 협력하여 책과 문화를 알리는 이벤트입니다. 이는 일본에서 지역 서점들이 커뮤니티와 소통하는 중요한 방법 중 하나로 자리 잡았습니다. 한국에서도 비슷한 책 축제나 독립 서점 간의 협업이 늘어나고 있는 추세입니다.

벤트는 유료로 진행돼 매출에도 기여하고 있습니다. 이런 이벤트들이 전국의 서점에서 열린다면 작가와 독자가 모두 즐거워할 것이고, 서점은 더욱 활기를 띨 것입니다.

—— **도매상에 바라는 점이 있습니까?**

오이 대표 : 서점도 출판사와 순이익을 협상할 때 더 많은 주도권을 가질 수 있었으면 합니다. 서점의 수익은 단순히 매출로만 결정되지 않고, 반품률도 중요한 요소입니다. 매입 도서와 반품 가능한 위탁 도서의 순이익을 다르게 책정하고, 반품률에 따른 인센티브를 제공하면 출판사와 서점 모두 반품률을 개선하는 데 더욱 진지하게 임할 것입니다.

—— **또 다른 요청 사항이 있나요?**

오이 대표 : 도매상에는 스테디셀러 정보나 발주 누락 경고 같은 실질적인 지원을 부탁드리고 싶습니다. 또한, 매장 특색에 맞는 상품을 추천하는 외판 방식도 도입되면 좋겠습니다.

—— **출판사에 바라는 점은 무엇인가요?**

오이 대표 : 일부 대형 출판사들은 신간 사전 주문을 받지 않아서 불편합니다. 또한, 오래전에 출판된 책들도 소중한 자산이기 때문에 이들을 다양한 형태로 재출간하여 독자들과 만날 수 있는 기회를 더욱 확대해 주셨으면 좋겠습니다.

—— 마지막으로 서점을 운영하는 동료들에게 전하고 싶은 메시지가 있
다면?

오이 대표 : 앞으로 서점이 작가 토크쇼의 사회자이자 기획자로
서 문화 살롱의 역할을 맡고, 작가의 신간 출간에 맞춘 전국 투어를
주최하는 공간이 되길 바랍니다. 서점은 사람을 이어주고, 그 과정
을 통해 수익을 창출할 수 있는 장소입니다. 기존의 틀을 깨고 새로
운 형태의 서점을 함께 만들어 가길 바랍니다

고지마의 해설

오이 씨에게 최근 독립 서점에 대해 묻자, 그는 "잡지와 서적을 모두 다루
는 풀스펙 서점이 더 많이 생겨났으면 좋겠습니다. 하지만 일부 출판사와
만 거래하는 도매상을 통해 서점을 시작하는 것은 권하지 않습니다"라고
답했습니다. 이는 서점이 풀스펙 형태로 운영되려면 많은 제약과 현실적인
어려움이 있기 때문입니다.

특히 토한이나 닛판과 같은 주요 도매상과 거래를 시작하려면, 서점
창업자는 연대 보증인 3명을 세워야 하고, 예상 월 매출의 2개월분에 해당
하는 신임금信任金 : 보증금●을 요구받습니다. 이 조건은 도매상이 외상 대금

● 일본에서 서점을 신규 오픈할 때 도매상에게 '신임금(信任金)'을 지급하는 관행은, 도매
상과의 신뢰를 기반으로 한 일종의 보증금 성격이 있습니다. 한국에서는 도매상과의 거
래에서 유사한 형태의 금전 요구 관행은 일반적이지 않으며, 서점이 도매상과 거래할 때
특별한 보증금이나 '신임금'에 해당하는 돈을 내야 하는 경우는 거의 없습니다. 한국에서

회수를 위한 리스크 관리 차원에서 설정한 계약 조건이지만, 이제는 시대에 맞춰 재검토할 필요가 있다는 생각이 듭니다.

도매상으로부터 제공되는 외상 대금은 보통 월 매출의 2개월분에 해당하지만, 서점의 실제 상품 회전율은 연간 3회에 불과하여 매장의 재고는 월 매출의 4개월분에 이릅니다. 이로 인해 도매상들은 '점유 개정' 계약을 통해, 서점이 만약의 사태에 직면했을 때 재고를 우선적으로 회수할 수 있는 권리를 보장받습니다.

그러나 연대 보증인 3명, 점유 개정 계약, 그리고 신임금을 요구하는 것이 과연 젊은 창업자들에게 합리적인 담보 조건인지 의문이 듭니다. 이제 도매상들이 서점 시장의 진입 장벽을 낮춰, 출판업계가 활력을 되찾도록 협력해 주길 바랍니다.

"사토시, 오이 씨 이야기를 어떻게 들었어?"

"이렇게 흥미로운 사람이 서점에서 활동하고 있다니 놀라워요. 다른 재미있는 이야기는 없나요?"

"있지. 오이 씨는 최근 지자체의 요청을 받아 서점에서 맞선 파티를 개최하고 있어."

"맞선 파티요? 그게 뭔가요?"

서점과 도매상 간의 거래는 주로 외상 거래(신용 거래)로 이루어지며, 별도의 보증금을 요구하는 경우보다는 외상 결제 기간과 같은 거래 조건에 따라 거래가 이루어집니다. 도매상 입장에서 새로운 거래처와 거래할 때 신뢰 확보가 중요한 요소이긴 하지만, 그 신뢰를 금전으로 보증하는 경우는 드물고, 거래 과정에서의 결제 기록이나 서점의 신용도 등이 주로 참고됩니다.

"적령기의 독신 남녀들이 각자 좋아하는 책을 들고 와서 서로 책을 주제로 이야기를 나누는 모임이야. 책을 통해 서로의 생각과 성향을 깊이 이해하게 되니, 보통 대화보다 더 빨리 친해진다는 점이 흥미롭지. 그래서 이 파티의 커플 성사율이 60%에 달한다고 해."

　　"정말요? 그 정도 성사율이라면 소개팅 앱은 필요 없겠네요!"

　　"그러게. 오이 씨는 책이 가진 가능성이 우리가 생각하는 것보다 훨씬 크다는 걸 보여주고 있어."

　　"젊고 의욕 있는 사람들이 출판계에 더 쉽게 진입할 수 있으면 좋겠어요."[*]

---

　[*]　《로컬 북스토어, 후쿠오카 북스 큐브릭》오이 미노루 저, 쇼분샤(晶文社)

제13화

포토카드, 재사용은
서점의 구세주가 될 것인가?

❋

"삼촌, 나가사키 겐이치 씨의 나가사키 서점이나 오이 씨의 북스 큐 브릭처럼 개성 있고 멋진 서점도 좋지만, 이렇게 큰 변화를 주지 않 고도 성과를 내고 있는 서점은 없을까요?"

"물론 있지. 이번엔 조금 더 보수적인 경영을 하면서도 성공을 거두고 있는 서점을 소개해 줄게."

"기대되네요."

근본 문제 해결의 희망이 보이지 않는다

사이토(가명)

—— **간단하게 자기소개를 부탁드립니다.**

사이토 : 저는 규슈에서 서점을 운영하고 있는 사이토(가명)입 니다. 대학 졸업 후 연매출 IT 기업 관리 부문에서 일하다가, 가업

인 서점이 경영 위기에 처하면서 규슈로 돌아와 서점을 맡게 됐습니다. 그 덕에 제 월급은 3분의 1로 줄었죠.

—— 서점 경영을 처음 맡았을 때, 가장 먼저 무엇을 하셨나요?

사이토 : 가장 먼저 착수한 것은 캐시플로우(현금 흐름)와 이익을 혼동하는 문제를 해결하는 것이었습니다.

—— 그건 어떤 의미인가요?

사이토 : 서점에서는 재고를 도매상에 원가로 반품할 수 있는데, 일부 서점 경영자들은 이를 이익으로 착각합니다. 재고를 줄인다고 해서 곧바로 이익이 나는 것이 아님에도, 도매상에 지급할 금액이 줄었다고 해서 마치 수익이 생긴 것처럼 생각하는 경우가 많습니다.

—— 그렇죠. 저도 그런 이야기를 종종 듣습니다. 그런 말을 들으면 "이 사람은 서점 경영을 이해하지 못하고 있구나"라고 생각하게 되죠. 판매 가격과 매입 원가가 변하지 않는 서점에서 재고의 증감은 이익과 무관하다는 건 분명한 사실입니다. 반품으로 재고가 줄면 도매상의 청구액은 줄겠지만, 이익이 증가하는 건 아닙니다. 서점 경영 부진의 원인은 여러 가지가 있겠지만, 동네 서점 경영자들이 경영 구조를 제대로 이해하지 못하는 것도 그중 하나라고 생각합니다.•

• 캐시플로우(현금 흐름)와 이익은 경영에서 자주 혼동되는 개념입니다. 특히 서점의 경우

사이토 : 그래서 저는 재고를 충분히 확보하고 매출을 늘리는 전략부터 시작했습니다. 그 후, 상품 회전율을 고려해 문구류와 트레이딩 카드 같은 회전율이 높은 상품을 도입해 수익을 올리기 시작했죠.

── **서점 경영의 정석을 따르셨군요. 그다음에는 어떤 일을 하셨나요?**

사이토 : 단기적인 수익 확보 전략을 마친 후, 리유스(중고 상품) 프랜차이즈를 도입해 수익을 더욱 안정화했습니다. 현재는 서점과 리유스 매장을 여러 곳 운영하고 있는데, 가장 큰 과제는 점장의 역량에 따라 매출과 이익이 크게 달라진다는 점이에요.

── **결국 경영은 사람에 달려 있다는 말이 맞네요. 외판 사업에 주력하신다고도 들었는데, 그 이야기도 들려주세요.**

사이토 : 저희는 지역 서점이기 때문에, 학교 교과서와 도서관 책 납품에도 힘쓰고 있습니다. 특히 인구가 증가하는 지역에 위치한 덕분에 초중고 40개 학교에 납품하고 있으며, 그 매출이 꽤 큽니다. 다만 2028년부터 디지털 교과서가 본격적으로 도입되면, 교과서 판매가 어떻게 될지 걱정됩니다.

재고가 줄어들면 도매상으로부터의 청구 금액이 줄어들기 때문에, 현금 흐름이 개선된다고 생각할 수 있습니다. 하지만 이익은 판매와 관련된 것이므로, 단순히 재고를 줄이는 것만으로는 서점의 이익이 증가하지 않습니다. 한국에서도 소규모 서점 운영자들이 자금 관리와 경영 구조를 정확히 이해하지 못해 어려움을 겪는 경우가 많습니다.

—— 디지털 교과서가 서점 경영에 큰 영향을 미치겠군요.

사이토 : 그렇습니다. 디지털 교과서 도입이 서점들에는 일종의 마지막 방어선이 될 수도 있습니다.

—— 정말 어려운 상황이네요. 출판업계에 바라는 점이 있다면 무엇일까요?

사이토 : 요즘 도서 납품이 예전보다 많이 늦어지고 있습니다. 도매상 재고가 부족하면 출판사 재고에서 출고되는데, 이 과정이 너무 오래 걸려 매장에 도착하는 데 2주나 걸리기도 해요. 아마존에서는 클릭 한 번이면 다음 날 책을 받아볼 수 있는데, 이런 상황에서는 고객이 서점을 떠날 수밖에 없습니다.

—— 정말 중요한 문제군요. 또 다른 바람이 있나요?

사이토 : 신간 예약이 어렵다는 점도 문제입니다. 도매상이 신간 예약 시스템을 도입했지만, 마감일이 너무 빠르고 예약 가능한 책의 종류도 제한적이에요. 아마존에서는 쉽게 신간을 예약할 수 있는데, 서점에서는 그렇게 하지 못하는 현실이 답답합니다.

고지마의 해설

30여 년 전, 출판계의 산증인이라 할 수 있는 가와카미 겐이치 씨(지방·소출판 유통센터)로부터 "서점은 업태 개발을 게을리해 왔다"는 말을 들은 기억이 있습니다. 그 당시에는 그 말의 의미를 제대로 이해하지 못했지만, 이제는 그 뜻이 뚜렷하게 와닿습니다. '삶은 개구리'라는 비유가 있습니다. 서서히 데워지는 물속에 있는 개구리가 점차 자신이 처한 위험을 깨닫지 못하고 결국 죽음에 이르는 상황을 표현하는 말입니다. 출판계도 서서히 쇠퇴하는 것을 인식하지 못하고, 필요한 변화를 이루지 못한 채 점점 더 위기에 몰리고 있다고 생각합니다.

사이토 씨가 지적한 것은 당연한 서점의 요구입니다. 하지만 출판계의 근본적인 구조는 30년 전과 크게 달라지지 않았습니다. 물론, 트레이딩 카드, 리유스Reuse 상품, 가챠가챠 같은 상품들이 일시적인 수익을 제공할 수는 있습니다. 하지만 서점의 본질은 여전히 책에 있습니다. 서점이 본연의 역할을 회복하고, 매장에서 독자들과의 소통을 중심으로 책을 판매하는 일은 여전히 중요합니다. 지속 가능한 사업을 만들기 위해서는 서점이 정상적인 운영 구조에서 정당한 이익을 얻는 것이 필수적입니다.

사이토 씨는 "책 판매의 근본 문제는 해결되지 않았지만, 그때까지는 서점 외의 다른 수익 사업을 통해 서점을 지키겠다"고 말했습니다. 그러나 지방 서점들에 남은 시간이 많지 않아 보입니다.

"사토시, 사이토 씨 이야기를 들으면서 어떤 생각이 들었니?"

"마치 빠르게 흐르는 강물을 타고 가는 서점들이 2028년에 거대한 폭포를 맞닥뜨리는 상황 같았어요."

"그렇지, 그런 위기를 피하기 위해, 다음 3부에서는 출판계의 세 가지 주요 과제인 '순이익, 물류, 교육'에 대해 다룰 거야. 그리고

4부에서는 전문가들이 제안하는 '서점이 살아남는 방법'에 대한 제
언도 들어볼 예정이니 기대해도 좋아."

　"정말 기대되네요."

제2부 요약

서점이 다시 태어나기 위한 열쇠는 무엇일까?

✦

"삼촌, 지금까지 어려운 상황에서도 살아남기 위해 노력하는 서점들을 봐왔는데, 앞으로 서점은 어떻게 해야 할까요?"

"수익이 적다는 문제를 흔히 '순수익'의 문제로 이야기하지만, 서점 경영을 압박하는 주요 비용도 다시 한번 짚어보는 게 좋을 것 같아. 서점 운영에서 큰 비중을 차지하는 비용은 ①인건비, ②임대료, ③수도·전기 등 공공요금, ④전자결제 수수료야."

"모두 계속 오르고 있는 항목들이네요."

"맞아, 게다가 앞으로도 오를 가능성이 큰 항목들이지. 이러면 서점은 점점 더 어려운 상황에 처할 수밖에 없어."

"그렇다면 서점의 다각화는 어떤가요?"

"다각화는 꼭 필요하지만, 지금은 충분하지 않다고 봐. 1화에서 말했듯이, 서점들이 책 외의 상품을 취급할 때 도매상이 소개한 상품에 의존하는 경우가 많거든. 8화에서 호라모토 씨가 말한 것처럼, 생존하려면 스스로 매입처를 찾아야 해."

"그걸 잘하기 어려운 이유가 뭘까요?"

"너무 오래된 시스템에 의존했기 때문이야. 재판매제도와 위탁제도에 의존하면서, 서점들은 가격 경쟁을 하지 않고, 실패한 매입은 도매상에 반품할 수 있었지. 그래서 스스로 상품을 고르고 가격을 책정하는 능력이 점점 줄어든 거야. 이제는 서점들이 자율적으로 신간을 매입할 능력을 길러야 해. 또, 소비자 요구에 맞춘 상품을 개발하고, 일반 상품도 적극적으로 도입해야 해."

"이걸 하지 못하면 서점은 소매업으로서 문제가 있다는 말씀이시죠. 그런데 삼촌은 아카루야 서점을 재생시켰다고 늘 자랑하시잖아요. 그때 구체적으로 어떻게 하신 건가요?"

"내가 그때는 한 명도 해고하지 않고 서점을 재생시켰어. 불필요한 작업을 줄이고, 단축 근무 제도를 도입해 생산성을 높였지. 중요한 건 현장 직원들이 매입을 자율적으로 할 수 있도록 했다는 거야. 또, 직원들의 동기 부여를 최대한 높이려고 노력했어."

"동기 부여요? 구체적으로 어떤 걸 하셨나요?"

"가장 중요한 건 직원들을 존중하는 거지. 정기적으로 점장 회의를 열고 자기 계발형 교육을 꾸준히 진행했어. 직원들이 자신이 회사에서 소중히 여겨진다는 걸 느끼게 하는 게 동기 부여의 핵심이었어."

"정말 중요한 요소군요. 점장들에게는 어떤 변화가 있었나요?"

"자신들이 인정받고 있다는 걸 느끼니까 동기 부여가 크게 높아졌지. 암에 걸린 직원이 있었을 때 '암 환자의 고용 지원'도 하고,

지역 아동 양육 시설에 도서를 기증하는 등 다양한 활동을 통해 직원들의 사기를 북돋웠어. 이런 작은 활동들이 서점의 긍정적인 이미지를 만드는 데 큰 도움이 됐지."

"정말 의미 있는 활동들이네요."

"마지막으로 하나 더 말해줄게. 지방 서점에서 창의적으로 수익을 낸 사례인데, 그 지역 케이블TV 회사와 협력해 휴대폰 판매점을 서점 안에 유치했어. 그 외에도 푸드트럭을 주차장에 유치해 하루에 몇천 엔씩 사용료를 받는 계약도 수십 건 성사시켰지."

"정말 다양한 시도를 했네요."

"그 외에도 이종 업종 교류회를 통해 아동 양육 시설에서 재능 있는 아이들을 발견해, 그 아이들이 그린 그림을 포스트카드나 토트백으로 만들어 팔았어. 그 아이는 결국 특별한 재능을 가진 예술가로 활동하게 되었어, 그 외에도 시를 쓰는 아이나 그림을 그리는 아이들의 작품을 지역에서 만든 종이로 북커버를 만들어 판매하기도 했어. 서점도 덕분에 좋은 성과를 거뒀지."

"정말 멋진 이야기네요. 삼촌이 늘 말하던 혁신이 이런 거였군요."

"그래, 서점은 아직도 무궁무진한 가능성을 가지고 있어."

서점을 응원하고자 하는 작가들이나 출판사에 꼭 전하고 싶은 것은, "사인회●는 하지 않는 것이 좋다"는 점입니다. 사인회는 서

● 　사인회의 한계 : 일본이나 한국 모두 사인회는 서점 이벤트 중 흔한 방식입니다. 그러나 점점 사인회 자체가 책의 판매를 크게 늘리거나 장기적인 수익을 보장하지 않는다는 점

점에 일시적으로 많은 사람을 모을 수는 있지만, 실질적인 수익은 매우 적고, 준비와 진행에 큰 노력이 필요합니다. 최근 독립 서점을 중심으로 다양한 이벤트를 여는 사례가 늘고 있지만, 동네 서점들에는 여전히 이러한 이벤트가 부담스럽습니다. 그렇다면, 동네 서점에서 수익을 창출할 수 있는 이벤트를 구체적으로 어떻게 실행할 수 있을지 설명하겠습니다. 이 계획의 성공 여부에 대한 책임은 전적으로 저, 고지마에게 있습니다.

서점을 응원하는 작가를 프로듀싱하는 서점 비즈니스

다음과 같은 방법으로 각 지역의 서점이 작가 강연회의 프로모터가 되는 것은, 새로운 비즈니스 기회이자 서점 경영에 있어 유망한 제안입니다. 문예 작가뿐만 아니라 화제가 되는 비즈니스 서적을 출판한 작가들도 높은 집객력을 기대할 수 있어서 강연회를 개최함으로써 수익을 얻을 가능성이 있습니다. 저자 강연회는 출판계에 남겨진 '이익의 마지막 보루'로 여겨지며, 서점업계의 지속 가능한 성장을 도모할 수 있을 것으로 기대됩니다.

에서, 사인회는 서점 경영에 있어 비효율적인 이벤트로 평가받고 있습니다. 대신 독립 서점이나 동네 서점이 고객과 더 깊이 소통하고 수익을 창출할 수 있는 새로운 형태의 이벤트를 기획하는 것이 중요하다는 생각이 서점 경영인들 사이에 퍼지고 있습니다.

플랜 A : 유명 작가의 경우

1. 서점이 직접 작가 강연회를 주최한다.

2. 강연 장소는 500명에서 1,000명 정도 수용 가능한 대형 장소를 선택하여 관객을 모집한다.

3. 작가는 신간을 중심으로 강연하고, 책에는 작가의 인장을 찍거나 사인을 남긴다.

4. 입장료에 책값을 포함하여 책을 함께 판매한다.

5. 서점은 입장한 관객 수에 맞춰 출판사로부터 70% 할인된 가격으로 책을 구매한다.

6. 출판사는 작가 일정 조율 및 책을 할인 가격으로 제공하며, 서점에 배송까지 지원한다.

7. 서점은 홍보비, 장소 대여료, 스태프 비용, 작가 교통비 및 숙박비를 부담하며, 작가는 인세 수익을 가져간다.

8. 서점은 지역 언론의 독점 취재를 요청하거나, 지역 기업으로부터 협찬금을 받을 기회를 모색한다.

수익 시뮬레이션1 : 178명 집객의 경우

· 입장료 : 5,500엔(세금 포함) · 참가자 수 : 178명 · 도서 단가 : 1,500엔으로 설정했을 경우

· 매출액 : 89만 엔(5000엔 × 178명 = 89만 엔)

· 장소 대여비 : 30만 엔 · 스태프비 : 20만 엔 · 홍보비 : 10만 엔 · 작가 교통비 및 숙박비 10만 엔

- 책값 : 18.7만 엔(1500엔 × 178권 × 70%)
- 경비 합계 : 88.7만 엔(집객 178명이 손익분기점)

수익 시뮬레이션2 : 500명 집객의 경우

- 매출 : 250만 엔
- 경비 합계 : 122.5만 엔 (장소 대여비 등 고정비용 70만 엔, 책값 52.5만 엔)
- 수익 : 127.5만 엔 + 협찬금

옵션

프리미엄 티켓을 3만 엔 또는 5만 엔에 10명 한정으로 판매한다.

프리미엄 티켓의 특전은,

① 저자 대기실에서 저자와 함께 찍는 사진과 독자의 이름이 포함된 사인 도서 제공.

② 저자와 함께하는 점심 회식(3만 엔) 또는 저녁 회식(5만 엔)에 참석해 대화를 나눌 수 있는 기회.

수익 시뮬레이션 : 3만 엔 회비를 낸 독자 10명이 점심 회식에 참석하는 경우(점심 식사비 1인당 1만 엔)

- 매출액 : 3만 엔 × 10명 = 30만 엔
- 비용 : 1만 엔 × 15명 = 15만 엔(저자, 주최자, 협찬 기업 대표 등 5명은 무료 초대)
- 순수익 : 15만 엔

표5 저자 강연회 흐름도 / 플랜 A의 경우(*플랜 B는 일반 루트로 구매)

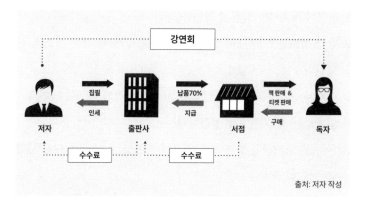

출처: 저자 작성

　서점은 이와 같은 특별한 이벤트를 통해 독자들에게 돈으로 살 수 없는 특별한 경험을 제공할 수 있습니다. 문제는 참가자 모집입니다. 그러나 서점은 지역에서 신뢰받는 플랫폼입니다. 500명에서 1,000명을 수용할 수 있는 지역 행사장을 활용한다면, 유명 문예작가나 인기 비즈니스 서적 저자를 초청해 대규모 청중을 쉽게 모집할 수 있습니다.

　출판사와 저자는 서점을 응원하고 있으며, 서점이 새로운 비즈니스 모델을 주도할 수 있는 위치에 있습니다. 물론, 도매업자가 새로운 비즈니스로 협력할 수도 있지만, 서점이 리스크와 이익을 감수할 각오가 없다면 서점 위기에서 벗어나기 어렵습니다.

　저는 이 방법을 전국의 서점에 새로운 비즈니스 모델로 확산시키고 싶습니다. 관심 있는 서점이 있다면 함께 구체적으로 논의해 보고 진행해 보지 않겠습니까? 도와드리겠습니다.

플랜 B : 유명하지 않은 작가의 경우

1. 서점이 작가 강연회를 주최한다.

2. 강연 장소는 60명에서 100명 정도 수용 가능한 작은 장소를 선택한다.

3. 작가는 신간을 주제로 강연하며, 책에는 인장과 사인을 남긴다.

4. 입장료는 3,300엔으로 설정한다.

5. 서점은 도매상을 통해 책을 주문해 판매할 수 있으나, 필수 사항은 아니다.

6. 출판사는 서점의 요청에 따라 작가와 강연을 조율한다.

7. 서점은 장소 대여비와 작가 강연료(13만 엔, 교통비 및 숙박비 포함)를 부담한다.

수익 시뮬레이션 : 60명 참석 기준

· 매출액 : 18만 엔(3,000엔 × 60명)

· 경비 : 장소 대여비 5만 엔, 작가 강연료 13만 엔

· 손익분기점 : 60명

더 많은 참가자를 모집할 수 있다면, 그 초과 인원으로 인한 추가 수익은 서점의 순수익이 됩니다. 여기에 온라인 참여를 추가해 하이브리드 형식으로 강연을 진행하면, 물리적 장소의 한계를 뛰어넘어 훨씬 더 많은 청중을 모집할 수 있습니다.

제3부

출판업계

3대 과제는

'공급률'

'물류'

'교육'

출판업계의 교육 부재를 걱정하다

●

"사토시, 출판계가 직면한 세 가지 주요 과제는 뭐라고 생각하니?"

"지금까지 얘기한 걸 보면 첫 번째는 알겠어요. 바로 순이익 (서점 도매가) 개선이겠죠. 물가는 계속 오르는데, 도매가는 그대로라서 서점의 판매관리비가 이익을 넘어서는 상황이니까요. 게다가 재판매 제도 때문에 서점에서 마음대로 가격을 올릴 수도 없고요. 다른 두 가지는 뭐죠?"

"두 번째는 물류, 세 번째는 교육 부족●이야."

"물류가 문제라는 건 이해되는데, 교육 부족이라는 건 무슨 뜻이에요?"

● 　출판사나 서점에서의 교육은 실무 중심으로 이루어지지만, 체계적이지 않다는 점이 문제로 지적됩니다. 이는 직원들의 전문성을 장기적으로 개발하는 데 한계가 있으며, 출판계가 침체기에서 벗어나기 위해서는 체계적인 인재 양성 시스템이 필요합니다. 한국에서도 출판업계 종사자들의 교육과 인재 개발이 중요한 과제로 떠오르고 있습니다.

"나는 출판계가 침체된 이유 중 하나가 출판사나 서점이 직원들의 역량을 체계적으로 키우지 못한 것에 있다고 생각해."

"출판사나 서점도 직원 교육을 하잖아요?"

"실무에 대한 교육은 있지만, 체계적이지 않아. 큰 출판사들조차도 입사 후 체계적인 교육 없이 선배들이 하는 걸 보고 배우는 경우가 많아."

"그렇게 해도 별문제 없이 잘 돌아가잖아요?"

"업계가 성장할 때는 괜찮았지. 하지만 지금처럼 침체된 상황에서는 새로운 변화가 필요해."

"그게 이 책 서두에 나온 아인슈타인이 말한 내용과도 통하네요."

"맞아! 이 문제는 19화에서 교육 전문가 이야기를 통해 더 깊이 다룰 거야. 혹시 '백 석의 쌀' 이야기 들어봤니?"

"아니요, 처음 듣는데요. 알려주세요."

"보신 전쟁 후에 나가오카 번이 위기에 처했을 때, 고바야시 토라사부로라는 인물이 백 석의 쌀을 팔아서 문무 교육에 투자했어. 그 덕에 훌륭한 인재들이 배출됐지."

"출판계에도 큰 교훈을 주네요. 그런데 출판계의 고바야시 토라사부로 같은 인물은 없나요?"

"아직은 그런 사람은 없지만, 기다리고 있어."

"물류 문제는 어떤 상황이에요?"

"책의 물류는 정기적인 잡지 배송을 중심으로 구성되어 있어서 전국 구석구석까지 저렴하고 효율적인 물류망이 펼쳐져 있어."

"정말 대단한 시스템 같아요."

"그렇지. 하지만, 도서도 잡지 물류망을 함께 사용하다 보니 유연성이 부족하고 신속하지 못한 경우가 많아. 그래서 독자가 서점에서 책을 주문해도 도착하는 데 생각보다 오랜 시간이 걸리는 일이 자주 있어."•

"출판계가 해결해야 할 중요한 과제네요."

"맞아. 15화에서 출판 물류 현장에 관한 이야기도 나오니까, 이 부분이 도움이 될 거야."

"도매상인 출판 유통업체들은 어떤 대책을 마련하고 있나요?"

"토한의 곤도 도시타카 사장은 '독일형 물류'를 도입하려고 하고 있어. 당연히 무언가 대책을 세우고 있겠지. 또 닛판의 오쿠무라 케이지 사장도 기노쿠니야 서점과 TSUTAYA 서점과 협력해서 설립한 회사가 기존과는 다른 물류망을 구상하고 있을 거야."

"기대되는 계획이네요. 빨리 실현되면 좋겠어요."

• 일본의 서적 도매상에서 서점으로 책 배송이 늦어지는 이유 중 하나는 서적과 잡지가 동일한 물류 시스템을 사용하기 때문입니다. 잡지는 정기적으로 발행되며, 배본 시점이 정해져 있는 경우가 많아 일정한 물류 스케줄을 요구합니다. 반면, 서적은 그에 비해 유연하게 배송될 수 있지만, 잡지와 함께 처리되면 물류 시스템이 잡지 배송 일정에 맞춰 운영됩니다. 이로 인해 서적의 배본이 잡지의 일정에 영향을 받아 지연될 수 있습니다. 특히 잡지의 발행주기가 짧은 경우, 서적 배송이 우선순위에서 밀리며 배본이 늦어지는 현상이 발생할 수 있습니다.

제14화

대대적인 구조조정이 진행되고 있는 서점업계의 실상

"사토시, 너 서점의 '외상外商'•이라는 말을 들어본 적 있니?"

"아뇨, 처음 들어봐요. 뭘 하는 곳이에요?"

"그럴 거야. 너뿐만 아니라 대부분이 서점의 외상 부서를 잘 모를 거야."

"그럴 것 같네요."

"보통 독자들이 접하는 건 서점의 매장인데, 사실 서점에도 '외'이라는 영업 부문이 따로 있어. 이 부서는 주로 도서관, 대학, 기업 연구소 같은 곳에 책을 공급해. 예전에는 동네 서점들이 가정 방문 판매도 했어. '○○ 전집'이나 '○○ 백과사전' 같은 걸 출판사들이 내놓으면 서점 직원들이 집집마다 다니며 팔곤 했지."

• 외상(外商)은 일반 매장에서 판매하는 것과 달리 기업이나 개인 고객을 직접 찾아가 물건이나 서비스 등의 상품을 판매하는 것을 말합니다. 외판(外販)이라고도 합니다. 예를 들어 백화점 등에는 전통적으로 '외상부'라는 전문 부서가 있어 주로 고가 상품을 구매하는 법인 고객이나 개인 고객을 대상으로 서비스를 제공합니다.

"그건 상상도 안 되는데요."

"지금도 외상 부문이 강한 서점들이 있어. 그중 대표적인 게 기노쿠니야 서점과 마루젠 유쇼도야. 이 서점들은 대학 도서관이나 연구소 같은 기관을 주요 거래처로 삼아서, 외상 매출이 매장 매출을 능가할 때도 있지."

"몰랐어요! 그런 부서가 있는지."

"마루젠은 2007년에 대일본인쇄DNP의 자본을 받아들여, 외상 부문은 유쇼도 서점과 합병해 '마루젠 유쇼도'가 되었어. 그리고 매장 부문은 준쿠도 서점과 합쳐져 '마루젠 준쿠도 서점'이 되었지. 여기에 출판 부문인 마루젠 출판과 도서관 업무를 담당하는 도서관 유통센터가 더해져 '마루젠 CHI 홀딩스'라는 지주회사가 탄생했어."

"복잡한 역사가 있네요."

"그 마루젠 유쇼도에서 20년 동안 외상 부서에서 일한 사람이 바로 곤도 고로 씨야. 그는 2021년에 마루젠 CHI 홀딩스를 떠나서, 새로 창립된 출판사 '북담'에서 마케팅부장으로 일하고 있어. 그가 출판계에서 쌓은 경험과 직설적인 발언은 항상 화젯거리가 되지."

일본 임대 서점 중 흑자를 내고 있는 곳은 단 한 곳도 없다

북담 마케팅부장 곤도 고로近藤午郎

—— **일본 대형 체인점 서점에 대한 생각을 들려주시겠습니까?**

곤도 : 2023년 현재, 국내에서 임대 매장을 통해 책 판매만으로

흑자를 내고 있는 서점은 거의 사라진 상황입니다. 기노쿠니야 서점의 경우 국내 매장 판매 부문의 수익을 공개하지 않아서 정확한 상태는 알 수 없지만, 저 역시 임대 서점의 적자 문제에 대해 동의합니다. 기노쿠니야 서점은 외상 영업과 해외 매장에서 일본어 서적을 판매함으로써 이익을 내고 있습니다. 마루젠 준쿠도 서점이 속한 마루젠 CHI 홀딩스 역시 기노쿠니야와 비슷하게 외상 영업과 공공 도서관을 대상으로 한 서적 판매 및 관리 계약을 통해 수익을 창출하고 있습니다.

—— **대형 서점들도 국내 매장에서 적자를 보고 있을 거라고 생각했지만, 이렇게 이야기를 들으니 서점들이 처한 환경이 정말 어려운 상황이라는 것을 새삼 실감하게 됩니다.**

곤도 : 출판사들이 이 상황을 얼마나 제대로 인식하고 있을까요? 만약 기노쿠니야나 마루젠 준쿠도 같은 대형 서점들이 매장 부문에서 지속적으로 적자를 낸다면, 과연 이 매장을 유지할 수 있는 형태가 얼마나 오래 지속될 수 있을지 의문입니다. 그래서 기노쿠니야, TSUTAYA를 운영하는 CCC(컬처 컨비니언스 클럽), 그리고 닛판이 힘을 합쳐 북셀러스 & 컴퍼니라는 새로운 회사를 설립하고, 출판사에 매입 조건 개정을 요구한 것입니다. (자세한 내용은 4화에서 다루고 있습니다.)

—— **도매상에 대해서는 어떻게 생각하시나요?**

곤도 : 도매상들의 어려운 경영 상황 역시 충분히 이해합니다. 2022년에는 도매 대기업 두 곳에서 도매 부문이 크게 적자를 냈습니다. 닛판은 30억 엔, 토한은 10억 엔의 적자를 기록했죠. 그 원인 중 하나는 반품을 줄이기 위한 매입 규제입니다. 하지만 매입을 줄인다는 것은 매출도 줄어든다는 뜻이기 때문에, 단순히 반품을 줄이는 것만으로는 문제를 해결할 수 없습니다. 도매상들이 해야 할 일은 매출률을 개선하는 것입니다. 하지만 현재의 유통 시스템에서는 반품 비용의 대부분을 도매상이 부담해야 하기 때문에, 이 같은 대책을 계속해서 반복할 수밖에 없는 구조입니다.

고지마의 해설

곤도 씨가 지적한 도매상 문제에 동의하는 출판사들도 많을 것입니다. 도매상들의 매입 규제 방식은 반품률을 줄이기 위한 일차적인 대책이지만, 이는 근본적인 해결책이 되지 못하고 있습니다. 이를 개선하기 위해, 일부 전문가들은 출판사나 서점이 과도한 반품률을 기록할 경우, 해당 반품 비용을 청구하는 방식의 부정적 인센티브 제도 도입이 필요하다고 제안합니다. 이런 시스템은 현재의 유통 구조에서 발생하는 막대한 비용 부담을 해결하려는 취지입니다.

- 일본 출판 유통 시스템에서는 도매상들이 책을 서점에 공급할 때 반품률을 줄이기 위해 매입을 제한하는 '매입 규제'를 시행하고 있습니다. 그러나 이러한 방식은 도매상과 출판사 모두에게 부담이 되고, 특히 출판사는 반품된 책을 다시 출하하기 위한 재포장 비용까지 부담하게 됩니다. 한국에서도 유사한 반품 문제가 출판계의 오랜 숙제로 남아 있으며, 반품 비용 분담에 대한 논의가 필요한 상황입니다.

현재 반품 시스템은 출판사와 도매상 모두에게 큰 부담을 주고 있습니다. 출판사는 재출하를 위한 재포장 비용을 부담해야 하고, 도매상은 전국 각지에서 반환된 책을 출판사별 및 책 제목별로 정리하는 데 큰 비용을 지출하고 있습니다. 이로 인해 발생하는 막대한 작업 비용은 전체 출판계의 효율성을 저해하고 있는 실정입니다.

모두가 판매 효율을 높이는 필요성에는 동의하지만, 단순히 매입을 줄여서 반품을 억제하는 방식은 근본적인 문제를 해결하지 못합니다. 이를 위해 출판 유통 시스템의 전면적인 개혁이 절실히 요구되고 있습니다. 서점, 출판사, 도매상이 모두 이익을 극대화할 수 있는 구조적 변화를 도입해야 출판업계가 현재의 위기에서 벗어날 수 있을 것입니다.

주식회사 토한
북퍼스트, 아미고 서점
메이야 서점, 이케야 분라쿠칸, 킨류도
야에스 북센터, 야마시타 서점, 스미요시 서점
분신도 서점, 아반티 북센터
이와세 서점, 라쿠다, 가마쿠라 문고, 아오이 서점
이세지 서점, 타나베 서점

일본출판판매주식회사
TSUTAYA의 일부 매장, 리브로, BOOKS 에미타스
세키분칸 서점, 요무요무, 오리온 서점
CROS BOOKS, 북센터 퀘스트, 분에이도
아유미 BOOKS, 분로쿠도, 파르코 북센터
다다야, miomio, 이마진 하쿠요, 스루가야
스바루, 분쿄도, 분키츠, 하코네 혼바코

대일본인쇄그룹
마루젠, 준쿠도 서점, Maruzen & 준쿠도
토다 서점의 일부 매장, 마루젠 유쇼도, 도서관 유통 센터

컬쳐 컨비니언스 클럽(TSUTAYA)
아사히야 서점

가키 서점

다카자와 산업
헤이안도

※상호를 확인할 수 있는 한 추출했으나, 모든 것을 망라하지는 못했습니다.　공개정보를 바탕으로 저자 작성

　"준쿠도와 마루젠이 대일본인쇄DNP 그룹의 계열사가 되었다는 이야기는 이미 했지만, 토한이나 닛판 같은 도매상들과 대형 서점들이 산하에 많은 서점을 거느리고 있다는 건 알고 있었니?"

　"그렇게 많은 서점이 있어요?"

　"위 표를 보면 알 수 있어. 각 도매상과 대형 서점이 어떤 서점을 산하에 두고 있는지 잘 나와 있어. 일본 서점 체인의 구조를 보면 꽤 놀랄 거야."

제15화

출판 배송 트럭의 화물 절반은 식료품

❊

"이제 물류 문제에 대해 알아보도록 하자. 사토시, 혹시 출판 배송에 대해 아는 게 있니?"

"아니요. 잘 몰라요."

"그렇지, 잘 알려져 있지 않은 일이니까 모를 거야. 그런데 출판계는 배송을 담당해 주는 분들 덕분에 돌아가고 있어. 출판 배송 기사분들이 매일 서점에 책을 배달해 주기 때문에 독자들이 책을 읽을 수 있는 거야."

"정말 그러네요. 출판계에서 아주 중요한 분들이시네요."

"그런데 이 기사분들의 고령화가 심각해지고 있어. 게다가 2024년에 시행된 잔업 시간 규제로 인해 출판 배송망이 위기에 처해 있다는 걸 많은 사람이 모르고 있어."

"정말 심각한 상황이네요."

"자, 그럼 이야기를 해볼게."

화물의 절반은 식료품을
운반하고 있습니다

데지마 주식회사 대표이사 사장 데지마 히로아키手嶋宏彰

── 《데지마 운송점 그룹 사사社史》를 보면, 80년의 역사가 곧 출판 배송
의 역사라고 할 수 있습니다. 데지마 운송점 그룹은 도쿄, 긴키권,
후쿠오카에 사업소를 두고 있으며, 데지마 히로아키 사장님은 후쿠
오카에 위치한 데지마 주식회사의 3대 대표이십니다. 최근 출판 배
송의 상황에 대해 말씀해 주시겠습니까?

데지마 : 지난 20년 동안 출판물 배송 물량은 계속 줄어들고 있
습니다. 매출도 감소하고 있지만, 고정 비용은 변함이 없거나 오히
려 늘고 있습니다. 운임 체계를 한 차례 재검토해 매출이 잠시 안정
되기도 했으나, 매장 수가 계속 줄어들면서 매출도 지속적으로 감
소하고 있는 상황입니다.

── 운임 체계의 조정이 도매상의 운임 부담 증가로 이어지고 있는 것
같은데, 이 문제는 어떻게 해결해야 할까요? 물류 2024년 문제*는
회사에 어떤 영향을 주고 있나요?

데지마 : 도매상들의 배려로 배송 휴일을 늘려 총 노동 시간을

* 2024년부터 운전기사의 연간 초과근무 시간이 960시간으로 제한되며, 이는 일본 물류
  시스템에 큰 변화를 요구하는 문제입니다. 출판계에도 운임 인상 등 다양한 영향을 미칠
  것으로 예상되며, 특히 2024년 봄부터는 규슈와 홋카이도 지역의 잡지 발매일이 하루
  늦춰질 예정입니다.

줄였지만, 2024년부터 시행되는 월 80시간 초과근무 규제로 인해 기사들이 힘든 상황에서 일하고 있습니다. 앞으로 출판물 배송 시스템 전반을 재검토해야 할 시점입니다. 현재도 인력 운영이 매우 어려운 상황입니다.

—— 출판 불황이 물류 회사에 미치는 영향은 어떤가요?

데지마 : 출판물 배송량이 줄어들면서 운송 회사로서 생존을 위해 다른 상업 용품 배송을 병행하고 있습니다. 서점 외에도 새로운 거래처를 발굴하고 있고, 식료품 배송 비율이 크게 늘어나서 20년 전에는 약 30%였던 비율이 지금은 50% 이상으로 상승했습니다.

—— 출판 배송 트럭의 절반이 식료품을 운반하고 있다는 말씀인가요?

데지마 : 저희는 서점과 편의점에 책만 배송하며, 주로 심야나 이른 아침에 배달합니다. 이는 교통 체증을 피하기 위한 목적도 있지만, 가장 큰 이유는 편의점에 잡지를 발매일 아침까지 배달해야 하는 '잡지 발매일 협정' 때문입니다. 따라서 심야 배송이 불가피한 상황입니다. 하지만 출판 배송 인력 부족이 심각하며, 심야 근무에 충분한 임금을 지급하기 어려워 지속 가능성이 낮아지고 있습니다. 만약 주간 배송이 가능해진다면, 출판물과 다른 화물을 함께 실어 배달할 수 있어 출판 배송망을 유지하는 데 도움이 될 것입니다.

—— 도매상에 바라는 점이 있으신가요?

데지마 : 과거에는 출판물 물량이 일정하지 않아 비효율적이었지만, 출판사와 도매상의 협력 덕분에 운송량이 평준화되어 매우 감사하게 생각하고 있습니다. 운임 체계 재검토 역시 큰 도움이 되었습니다. 앞으로 바라는 점이 있다면, 도매상 관계자들이 출판 운송 현장을 직접 방문해 상황을 보셨으면 좋겠습니다. 2016년 구마모토 지진 이후에는 규슈 현장을 찾아주셨지만, 그 이후로는 방문이 없었습니다. 출판 배송과 도매상은 밀접한 관계에 있습니다. 현장을 직접 보고 함께 논의한다면, 더 많은 합리화 방안을 찾을 수 있을 것입니다. 출판 배송 현장의 여러 과제에 대해 더 깊이 논의하고 싶습니다.

고지마의 해설

데지마 씨와는 내가 토한의 규슈 지사장으로 있을 때 처음 만났습니다. 그와 후쿠오카 슈유칸 고등학교 선후배 사이라는 인연 덕분에 이번에도 허심탄회하게 대화를 나눌 수 있었죠. 데지마 씨가 느끼는 위기의식을 과연 출판계도 충분히 공감하고 있을까요? 휴일에는 오토바이를 타고 서킷을 질주하는 대담함과 신중함을 겸비한 그가, 언제까지나 구태의연한 출판계와 협력할 수 있을지 의문입니다. 서점의 위기처럼 출판 배송 현장에도 위기가 점점 다가오고 있습니다.

"사토시, 데지마 씨 이야기는 어떻게 들었니?"

"삼촌의 고등학교 후배라고 해도 나이 차이가 꽤 나겠죠?"

"그렇지. 내가 졸업할 때쯤에 그가 태어났으니, 학교 다닐 때는 전혀 접점이 없었어. 그래도 슈유칸 출신들은 모두 '우리의 사명을 다하자'라는 기백을 공유하고 있지."

"외부에서 보면 좀 특이한 사람들 모임으로 보이네요."

"그런 실례의 말씀을..."

"데지마 씨는 생존을 위해 다양한 도전을 하고 있는데, 낮에 배송하는 게 우리에게는 당연해 보이지만, 그게 논의조차 되지 않는 걸 보면 출판계의 낡은 체질이 느껴져요."

"이걸 고치지 못하는 이유는 내가 출판 유통의 모든 문제의 근원이라고 생각하는 '잡지 발매일 협정'● 때문이야. (자세한 내용은 '3부 요약' 187페이지에 있어) 편의점에는 정해진 잡지 발매일 아침에 꼭 배송해야 한다는 이 규정이 출판물 배송 개혁을 가로막고 있는 큰 장애물이야."

"잡지 발매일 협정을 고수하는 사람들은 말 그대로 '작은 것에 눈이 멀어 큰 것을 놓치는 소탐대실小貪大失'하는 사람들이네요."

"사토시, 네 표현이 딱 맞아 그 말 그대로야."

● 일본 출판계에서는 정해진 발매일에 맞춰 잡지를 편의점 등 소매점에 반드시 배송해야 한다는 규정이 있습니다. 이는 물류 효율화를 방해하고, 심야 배송과 같은 불편한 작업을 초래하는 주요 요인입니다. 한국에서도 일부 출판물의 발행일 준수 문제는 유통 구조 개선에 걸림돌로 작용하고 있으며, 출판 유통의 효율성을 높이기 위한 유연한 대응이 요구됩니다.

제16화

피폐해진 서점 현장에서 들려오는
진솔한 이야기

❀

"공급률, 물류, 그리고 서점업계가 직면한 과제들이 점점 더 명확해지고 있어. 이번에는 서점에서 직접 일하는 사람의 이야기를 들어보는 게 어때?"

"꼭 듣고 싶어요. 현장 경험을 가지고 있으면서 전체적인 시장을 볼 줄 아는 사람의 이야기를 들어보고 싶어요."

"그 조건에 딱 맞는 사람이 있어. 기대해도 좋아. 서점 현장은 우리가 생각하는 것보다 훨씬 더 힘든 상황이야."

"어떤 분의 이야기를 들을 수 있나요?"

"노사카 마사키 씨가 이야기를 들려줄 거야. 그는 20세에 아사히야 서점에 입사해서 여러 매장을 거치며 경험을 쌓았고, 1999년에 로스앤젤레스점 매니저로 부임해 3년간 근무했어. 이후 귀국해 후시모모야마점의 점장을 맡았고, 교토점에서 경영을 담당하다가, 2008년에 아사히야 서점의 실적 악화로 인해 구조조정 대상이 되어 퇴직했지. 지금은 준쿠도 서점 난바점에서 어학 서적 담당으로 일하면서 '츠쿠요미 플래닝'이라는 서점 프로듀싱 회사를 설립해 서점 관련 컨설팅을 하고 있어."

"정말 다양한 경험을 쌓은 분이시네요."

"사토시, 아사히야 서점이 CCC^{Culture Convenience Club}의 자회사가 된 이야기는 기억하지? 이뿐만 아니라, 마루젠 준쿠도는 DNP^{대일본인쇄 홀딩스}의 자회사가 되었고, 리브로는 닛판의 자회사, 북 퍼스트는 토한의 자회사가 되었지(자세한 내용은 14화, 142페이지 표 참고): 이렇게 대기업 자본이 서점을 인수한 사례는 셀 수 없이 많아. 경영이 어려워지면 대기업 자본의 지원을 받는 건 다른 업계에서도 흔한 일이지만, 대기업 자본 산하에서 서점 현장에서 일어나는 일들에 대해 노사카 씨가 느끼는 문제의식은 아주 흥미로워. 그 이야기를 들어보자."•

본부 지시와 도매상 추천으로 인해 서점 직원의 일이 '작업'으로 전락한다

츠쿠요미 플래닝 대표, 북 라이프 퍼실리테이터®-노사카 마사키ㅣ野坂匡樹

• 일본에서는 경영이 어려워진 서점들이 대기업 자본에 인수되거나 자회사가 되는 일이 흔합니다. 예를 들어, 아사히야 서점은 CCC의 자회사가 되었고, 마루젠 준쿠도는 DNP, 리브로는 닛판, 북 퍼스트는 토한의 자회사가 되었습니다. 이는 출판 유통의 거대 자본 집중 현상으로, 서점이 독립성을 잃고 대기업의 경영 전략에 종속되는 문제를 야기할 수 있습니다. 한국에서도 대형 서점 체인의 시장 지배력이 커지면서 독립 서점들의 자립이 어려워지는 비슷한 현상이 발생하고 있습니다.

── 노사카 씨는 "지금 서점 현장은 본부에서 끊임없이 내려오는 구체적인 지시와, 본부가 일괄적으로 매입한 책이 매장에 배송되면서 '책을 파는 공간'에서 '책을 두는 장소'로 전락해 버렸다. 그 결과, 서점 직원들은 자부심과 자신감을 잃어가고 있으며, 이로 인해 서점 경영의 악순환으로 이어지고 있다"라고 말씀하셨습니다.

노사카 : 맞습니다. 계산대는 원래 고객과 서점 직원이 소통하는 자리여야 하는데, 지금은 그저 복잡한 작업을 실수 없이 처리하는 데만 집중해야 합니다. 책의 매입과 반품 역시 현장 담당자가 결정해야 하지만, 지금은 본부 지시나 도매상 추천에 따라 단순히 '작업'으로 전락해 버렸습니다. 서점 직원들은 '무엇을 위해 일하는가?'라는 질문을 던질 시간도 없이, 그저 급여 명세서를 보며 하루를 버티고 있는 형국입니다.

── 노사카 씨는 2018년에 '츠쿠요미 플래닝'이라는 사업을 시작하셨고, 상공회의소의 이업종 교류회에도 참여하시며 서점 밖의 세상도 널리 경험하고 계십니다. 그곳에서 만난 사람들은 자신의 상품이나 서비스를 널리 알리기 위해 열심히 노력하는 모습이 인상적이었다고 하셨는데요. 반면, 서점 직원들은 배울 기회가 부족하다고 하셨습니다. "책에 둘러싸여 있지만 정작 배울 기회는 적다"라고 말씀하셨는데, 그 말의 의미를 조금 더 설명해 주시겠습니까?

노사카 : 저는 서점 동료들과 자발적으로 스터디 모임을 만들어 서로의 역량을 키우고 있습니다. 필요하면 다른 서점의 베테랑 직

원을 초청하거나, 출판사에 요청해 강의를 듣기도 합니다. 이런 학습을 통해 서점 직원들이 의욕을 되찾는 모습을 여러 번 목격했습니다.

── **그렇군요.**

노사카 : 서점 직원들 개개인에게는 자신들이 인식하지 못하는 강점이 있습니다. 서점업계는 미래를 예측하기 어렵지만, 그 안에서 희망을 찾는 것이 중요합니다. 책을 사랑하는 서점 직원들은 그들의 능력을 다른 업계에서도 활용할 수 있는 역량을 가지고 있습니다. 경영진이 이 강점을 살려 서점을 운영한다면, 서점 자체에도 큰 도움이 될 것입니다.

── **도매상이나 출판사에 바라는 점이 있으신가요?**

노사카 : 도매상들이 많은 희생을 감수하며 출판 유통을 유지하고 있다는 점은 잘 알고 있습니다. 그렇기 때문에 더욱 현장에 자주 와주셨으면 합니다. 체인 본부만 찾지 말고, 실제 책이 팔리는 현장에 오셔서 위기의식을 함께 나눴으면 합니다. 서점과 도매상이 함께 공통된 비전을 만들어 가야 합니다. 출판사의 영업 직원들은 자주 서점을 방문하지만, 책을 만든 편집자의 열정과 의도가 서점에 제대로 전달되고 있는지 의문입니다. 우리는 출판사의 그 열정을 서점 현장에서 제대로 표현하고 싶습니다.

고지마의 해설

지금은 친하게 지내는 노사카 씨와의 묘한 인연은, 제 책《서점을 살려라!》를 출간 전, 전국의 서점을 돌며 전단지를 나눠주던 시절에 시작되었습니다. 오사카 출장을 갔을 때 준쿠도 난바점에 영업을 갔는데, 문고 담당자가 부재중이어서, 가까이 있던 어학서 담당 직원에게 명함과 전단지를 건네고 돌아가려던 순간, 그가 쫓아와서 저를 불러 세웠습니다.

"잠깐만요! 가지고 오신 책이 어떤 책이에요?"

제 책은 어학서가 아니라 그 담당자와는 상관없었지만, 그의 열정적인 태도에 이끌려 이야기를 나누게 되었고, 그는 "난바점에서 출간 기념 이벤트를 열어 봅시다!"라는 제안을 했습니다. 그리고 그 제안은 실제로 성사되었습니다. 그 후 우리는 지금 유통업 관련 컨설팅까지 함께 하고 있으니, 인생의 인연이란 참으로 신기한 것 같습니다.

"사토시, 노사카 씨가 말하는 '책을 파는 이야기'를 들려줄게."

"꼭 듣고 싶어요."

"초등학생용 국어사전은 대형 출판사에서 나온 것이 가장 많이 팔리지만, 산세이도 영업사원이 와서 이렇게 설명했대. '우리 회사의 국어사전은 UD 디지털 교과서체라는 교과서에서 사용하는 폰트를 사용하고 있습니다. 그 이유는 교과서와 다른 폰트로 인해 혼란을 느끼고 학습에 어려움을 겪는 아이들이 있다고 들었기 때문입니다. 그런 아이들을 위해 이 폰트를 사용했습니다. 이 세심한 배려에 감동한 노사카 씨는, 초등학교용 사전을 추천해 달라는 고객이 있을 때 이 이야기를 들려주면서 산세이도 국어사전을 추천했더니, 고객들이 모두 납득하고 그 사전을 사 갔대."

"그건 출판사의 편집 의도가 영업을 통해 서점에서 독자에게 잘 전달된 좋은 사례네요."

"맞아. 출판계에는 아직 개선의 여지가 있다고 생각해."

제17화

출판업계가 잃어버린 독특한 서점인

"사토시, 간사이 지역 서점에서 모르는 사람이 없을 정도로 유명한 분을 소개할게. 바로 하기하라 코지 씨야. 삼촌과는 오래된 인연이 있는데, 아쉽게도 지금은 서점을 그만두고 고택 찻집 '챠키치안'의 19대 주인이 되셨어."

"어떤 분이세요? 왜 서점을 그만두셨어요?"

"하기하라 씨는 정말 열정적인 사람이야. 그를 처음 만난 건, 그가 미야와키 서점 오사카 카시와라점의 오너 점장이었을 때였어. 나는 그때 토한 긴키 지사장으로 일하고 있었지. 그는 매입처에 아주 까다롭게 굴 정도로 일에 대한 열정이 넘쳤어. 처음엔 나도 그와 얽히고 싶지 않았는데, 그럴 수 없을 정도로 존재감이 강했지."

"정말 재미있는 분일 것 같아요."

도매상이 서점 경영을 할 수 있을까?

전 미야와키 서점 오사카 카시와라점 오너, 하기하라 코지萩原浩司

—— **경력에 대해 들려주시겠습니까?**

하기하라 : 저는 대학 졸업 후 보험업계에서 일하다가, 가업인 직물업을 잇기 위해 돌아왔습니다. 우리 집은 에도 시대부터 이어 온 전통을 가지고 있었지만, 시대의 변화로 사업이 어려워졌어요. 새로운 기회를 찾던 중 금융기관을 통해 전국 프랜차이즈인 미야와키 서점을 소개받았고, 서른한 살에 서점 운영을 시작했습니다.

—— **그렇군요. 서점 운영은 어땠나요?**

하기하라 : 매출은 예상의 절반에도 못 미쳤어요. 정말 힘들었어요. '입지와 가격을 바꿀 수 없는 서점에서 어떻게 살아남을 수 있을까?'라는 고민 끝에 독학으로 서점 경영을 공부하기 시작했습니다. 그 과정에서 '잘 되는 서점들을 벤치마킹하자'라는 생각이 들어, 간사이 지역의 유명 서점인들과 함께 '혼신카이'라는 모임을 만들었어요. 20년 동안 매달 한 번씩 모여 서점 운영 노하우를 공유하고, 진열대를 키우며 함께 성장했습니다.

—— **진열대를 키운다는 표현이 인상적입니다. 구체적으로 어떤 의미인가요?**

하기하라 : '진열대를 키운다'는 표현은 고객의 관심을 끌 수 있는 다채로운 판매 공간을 만든다는 것을 의미합니다. 고객이 흥미를 느낄 수 있는 공간을 꾸미자 매출이 예상의 두 배로 증가했습니다.

—— **정말 놀라운 성과입니다.**

하기하라 : 그 외에도 출판사와 서점을 직접 연결하는 '책 박람회 BOOK EXPO'를 주최해 큰 주목을 받았고, 간사이 지역 서점들에 활력을 불어넣는 계기가 되었습니다.

—— **그런데도 서점을 그만두신 이유가 궁금합니다.**

하기하라 : 대출 담당자가 바뀌면서 대출 회수를 당하는 바람에, 어쩔 수 없이 채권을 정리하고 서점을 넘겨야 했습니다. 제 서점을 인수한 곳은 도매상이 운영하는 직영 서점 체인*이었죠. 당시 매출은 월 1,000만 엔을 넘었지만, 몇 년 후 그 서점이 문을 닫을 때는 매출이 절반에도 못 미쳤습니다.

* 일본 출판 시장에서 도매상이 서점을 직접 경영하는 방식은 종종 논란이 되어 왔습니다. 도매상은 일반적으로 대규모 유통망을 통해 효율적으로 책을 공급하는 역할에 집중합니다. 그러나 서점 경영에는 지역 특성, 고객층 분석, 다양한 이벤트 기획 등 세심한 운영 전략이 필요합니다. 도매상이 이러한 부분을 충분히 고려하지 못한 채 서점을 운영할 경우, 서점의 정체성과 차별성이 사라질 위험이 큽니다. 실제로 도매상 직영 서점의 경우, 다른 경쟁 서점에 비해 개성이 부족하거나 지역 사회와의 연결이 약해 매출 부진으로 이어지는 경우가 많습니다. 이런 이유로 도매상들이 서점 운영에 실패하는 사례는 여러 차례 반복되어 왔습니다.

―― 그 이유가 무엇이라고 생각하십니까?

하기하라 : 시대적 변화도 있었겠지만, 도매상이 서점을 경영하는 게 적절하지 않았던 것 같습니다. 입지와 직원은 그대로였지만, 매출은 급감했고 결국 가시와라시의 마지막 서점이 문을 닫게 됐습니다.

―― 그렇군요. 하기하라 씨는 지금 어떻게 지내고 계신가요?

하기하라 : 지금은 고택 찻집 '챠키치안'을 운영하면서, 지역 주민들에게 힐링과 활력을 제공하고 있습니다. 예약하시면 바베큐를 즐기실 수 있고, 차 한 잔 마시며 여유를 만끽하거나 다양한 이벤트에 참가하실 수 있어요. 저희 찻집은 긴테츠 오사카선 온지역에서 도보 7분 거리이니, 기회가 되시면 꼭 방문해 주세요. 스태프 일동이 환한 미소로 맞이하겠습니다.

고지마의 해설

"도매상이 서점을 경영할 수 있는가?"라는 질문에 대해 제 경험을 바탕으로 말씀드리겠습니다. 저는 40대에 이시카와현에 있는 '왕의 책'이라는 작은 서점 체인(6개 점포)의 경영을 맡게 되었고, 동시에 채권 회수 업무도 맡았습니다. 하지만 경영 경험도 부족하고 실력이 모자랐던 저는 결국 이 서점을 파산시키고 말았습니다. 지역 주민들이 사랑하던 이 서점이 문을 닫게 된 건 제 인생에서 가장 큰 후회로 남아 있습니다.

그로부터 10년 후, 여러 경험을 쌓고 경영 지식을 키운 저는 에히메현에 있는 '아케하루야 서점'(당시 80개 점포)의 대표이사로 다시 파견되었습니다. 이번에는 2년 반 만에 경영을 회복시키는 데 성공했습니다. 덕분에 <주간 다이아몬드>지에서 '지방 활력 기업 랭킹' 전국 중소기업 1위로 평가받기도 했습니다.

그래서 "도매상이 서점을 경영할 수 있는가"라는 질문의 답은 '할 수 있다'와 '할 수 없다'가 동시에 맞습니다. 저는 하기하라 씨에게서 많은 것을 배웠습니다. 아케하루야 서점을 재건할 때, 하기하라 씨가 교육회의 강사로 와주셨습니다. 그는 고객을 맞이할 때 "어서 오세요"보다 "안녕하세요" 또는 "돌아오셨군요" 같은 인사가 중요하다고 강조했습니다(《서점을 살려라!》 참조). 고객이 서점에 들어올 때 느끼는 순간이 가장 중요하다는 거죠.

또한, 그는 고객 응대 방식, 진열대 구성, 고객의 의견을 듣는 자세가 매우 중요하다고 강조했습니다. '진열대를 키운다'는 표현은 단순히 상품을 잘 배치하는 것을 넘어, 서점 직원들을 잘 교육하는 데서 시작한다고 말했습니다.

하기하라 씨는 이렇게 말했습니다.

"이제 서점은 책 외의 부분에서 수익을 내지 않으면 살아남기 힘듭니다. 하지만 책이 있어야 다른 부분에서도 수익을 얻을 수 있는 겁니다."

"서점이 지속되려면 보이지 않는 곳에 투자해야 합니다."

출판계, 더 나아가 서점업계는 이렇게 중요한 이야기를 해줄 인재를 잃은 게 아닐까요?

"사토시, 하기하라 씨 이야기를 어떻게 들었니?"

"이분, 정말 소매업의 달인이네요."

"그렇지? 나도 그렇게 생각해."

"오사카 야오시에 있는 고택 찻집 '챠키치안'에 가보고 싶어요."

"좋은 생각이야. 서점뿐만 아니라 다른 소매업에서도 통하는 상업의 본질을 배우는 게 좋지. 하기하라 씨 같은 분은 출판계에서 잃기에는 너무 아까운 인재니까."

제18화

엇갈리는 진심 — 중개업자의 또 다른 역할

❋

"공급률, 물류, 그리고 서점 현장에서의 문제들이 점점 더 뚜렷해지고 있어. 그래서 이번에는 출판계에서 오랫동안 일해 오신, 내가 신뢰하는 요코야마(가명) 씨의 이야기를 들어보려고 해."

"어떤 이야기를 들을 수 있을까?"

"출판사의 편집부터 영업, 도매까지 정말 다양한 이야기를 해주셨어."

"기대되는데요."

"요코야마 씨의 이야기는 예상치 못한 부분에서 시작됐어."

편집자가 만족하지 못한 책을 내는 출판사

요코야마(가명)

"출판계가 해결해야 할 중요한 과제 중 하나는 반품을 줄이는 일입니다. 하지만 출판사와 서점의 가장 큰 목표는 역시 매출을 올리는 것이죠. 반면, 도매상은 반품 감소 자체에 더 중점을 두고 있는 것처럼 보입니다. 이는 운송비가 계속 오르면서 생긴 현상인데, 이런 상황이 이어지면 출판사, 서점, 도매상이 협력해 신간을 기획하거나, 기존 도서를 재발굴해 수요를 만들어 내기가 힘들어집니다."

—— 그렇군요.

요코야마 : 매출을 늘리려면 서점에 적절한 양의 책을 공급해 독자에게 책의 매력을 제대로 전달해야 합니다. 도매상의 경영이 어려운 건 이해하지만, 매출을 높여 경영을 개선해야지, 단순히 반품을 줄이는 방식으로는 해결이 어렵습니다.

—— 출판사에 대해서는 어떻게 생각하시나요?

요코야마 : 출판사에서 사내 교육을 할 때 "자신이 만든 책에 만족하는 사람이 있나요?"라고 물었지만, 아무도 손을 들지 않았어요. 편집자가 자신도 만족하지 못한 책을 내놓는다면, 독자가 그 책에 만족할 수 있을까요?

—— 출판사의 영업 방식은 어떻게 보시나요?

요코야마 : 서점과 신뢰를 쌓아가며 신간 주문을 받아야 할 영업 담당자가 점점 줄고 있어요. 출판사 영업팀은 데이터에 너무 의존하고, 서점에 직접 가는 일은 점점 적어졌죠. 데이터를 믿는 건

좋지만, 그에만 의존하면 새로운 가치를 창출하는 데 한계가 있습니다. 또, 체인 본부에서 일괄적으로 신간 주문을 처리하는 방식은 서점 직원들의 판단력을 약화시킵니다. 체인 본부가 출판사 영업팀과 신간 입고 수를 결정할 때 책의 내용보다는 리베이트가 우선시되는 것 같아요. 이런 환경에서는 서점 직원들이 만들어내는 베스트셀러가 나오기 어렵죠.

—— **도매상에 대해서는 어떻게 보시나요?**

요코야마 : 과거 도매상은 출판계에서 정보와 아이디어를 교류하는 장소였어요. 하지만 코로나 이후 외부인의 출입이 제한되었고, 그 이후로 보안 문제로 여전히 출입이 통제되고 있습니다. 그 결과, 책에 대한 정보 교류와 판매 아이디어를 창출할 기회도 줄어들었죠. 지금처럼 AI를 통해 배본이 이루어지는 시대일수록, 사람 간의 소통이 더 중요해질 겁니다.

—— **도매상이 출판계 회복의 열쇠라고 보시나요?**

요코야마 : 도매상은 서점뿐만 아니라 도서관, 대학생 협동조합, 기차역 키오스크, 편의점, 온라인 서점 등 다양한 경로로 책을 유통하고, 외상 대금 회수까지 맡고 있습니다. 만약 도매상의 인프라가 약해지면 출판업계 전체가 큰 타격을 입을 겁니다. 도매상은 오랫동안 창고와 운송 업체들과 협력해 왔지만, 현장에서 일어나는 문제들을 경영진이 충분히 이해하지 못하는 경우도 있습니다. 도매

상은 이제 더 개방적이고 유연한 태도로 출판업계와 협력해야 한다고 생각합니다.

고지마의 해설

출판사의 편집자들은 경영진으로부터 신간 출간 목표를 받아, 무리해서라도 책을 내고 있습니다. 이는 도매상에 책을 납품해 매출을 올리기 위해서인데, 이 과정에서 요코야마 씨가 말한 '편집자도 만족하지 못하는 책'이 나오게 되는 거죠. 책이 잘 팔리든, 주문이 있든 없든 상관없이 출판사는 도매상에 책을 보내면 일시적으로 자금 문제를 해결할 수 있습니다.

하지만, 요즘처럼 책이 잘 팔리지 않는 상황에서 이 위탁제도[•]는 제 역할을 하지 못하고 있습니다. 더 나아가, 출판사의 이런 행동은 위탁제도를 붕괴 직전으로 몰고 가고 있죠.

요코야마 씨는 이렇게 말합니다.

"편집자들은 독자들이 정말 손에 들고 싶어 할 좋은 기획을 신중히 골라야 합니다. 그리고 영업팀은 그런 책의 매력을 서점에 잘 전달해 서점과 함께 판매를 이끌어야죠. 하지만 요즘은 그게 참 어렵습니다. 출판사, 도매상, 서점 어느 쪽에서도 '이 책 정말 재미있다'고 생각하는 사람이 점점 줄고 있으니까요."

• 일본의 위탁제도는 출판사와 도매상 간에 서적을 위탁해 판매하고, 일정 기간 내에 팔리지 않은 책은 반품하는 방식입니다. 출판사는 책을 납품하면 자금 회전을 일시적으로 해결할 수 있지만, 이는 판매 실적과 상관없이 자금을 확보하는 임시방편에 불과합니다.

요코야마 씨가 이 이야기를 할 때 그의 표정은 슬퍼 보였습니다.

저도 서점 운영의 어려움과 리베이트의 유혹을 잘 알고 있습니다. 일본의 위탁제도는 출판사가 도매상에 책을 위탁해 판매하고, 일정 기간 안에 팔리지 않은 책은 반품하는 방식입니다. 출판사는 책을 납품하면서 일시적으로 자금을 확보할 수 있지만, 이는 실제 판매와는 무관한 임시방편일 뿐입니다. 반면, 한국의 출판업계는 최근 매절買切 방식이 확산되면서 서점이 책을 일괄 매입한 후 반품이 불가능해졌습니다. 이 방식은 서점이 재고 부담을 느낄 수 있지만, 출판사 입장에서는 더 안정적인 수익을 기대할 수 있는 구조입니다.

"사토시, 요코야마 씨 이야기를 어떻게 들었니?"

"도매상이 배움의 장이었다는 점이 인상 깊었어요. 저는 도매상이 그저 물류와 결제만 담당하는 줄 알았거든요."

"그렇지. 나도 젊었을 때 도매상의 세 가지 주요 기능이 물류, 상거래 흐름, 그리고 정보 흐름이라고 배웠지. 실제로도 그렇게 실천해 왔고. 요즘은 디지털 정보 시스템이 잘 정비되어서 많이 달라지긴 했지만, 요코야마 씨가 말한 '배움의 장소로서의 도매상'은 여전히 중요한 역할을 하고 있어."

"도매상이 출판계의 흥망을 좌우할 수 있다는 요코야마 씨 말도 이해가 가요. 그런데 '흰 개와 왈츠를'이 뭔지 궁금해요."

"그건 지바현의 한 서점 직원이 그 책을 읽고 깊이 감명받아 직접 손으로 쓴 POP(책 추천 문구)로 매장에서 팔기 시작한 책이야. 그게 입소문을 타면서 전국 서점으로 퍼져나가 백만 부 넘게 팔리고, 영화로도 제작된 신초 문고의 작품이지. 이 이야기는 서점이 진심으로 책을 추천할 때, 책의 힘이 얼마나 강하게 발휘되는지를 보여주는 좋은 사례야. 하지만 지금 서점의 상황을 보면, 앞으로 그런 일이 다시 일어날 수 있을지는 모르겠구나."•

• 일본의 서점들은 종종 직원들이 직접 작성한 POP를 통해 책을 추천하고, 이러한 개인적인 추천 문구가 독자들에게 큰 영향을 미치며 판매에 기여하는 사례가 많습니다. 특히, 특정 서점에서 시작된 캠페인이 전국으로 퍼져나가 큰 성공을 거두는 일이 자주 일어납니다. 반면, 한국에서는 대형 온라인 서점 중심의 유통 구조로 인해 개별 서점의 팝이나 추천 문구가 일본만큼 큰 파급력을 발휘하기는 어렵습니다. 한국의 출판업계에서 이러한 현상을 활성화하려면 개별 서점의 자율성을 높이고, 독특한 기획이 발굴되는 환경을 조성하는 것이 중요할 것입니다.

제19화
교육의 부재 '출판업계의 고질병'

✸

"삼촌, '출판계의 죽음에 이르는 병'이라는 말, 좀 과장된 거 아닌가요?"

"아니야. 출판계 내부에 있는 사람들은 잘 느끼지 못할지 모르지만, 출판계 침체의 진짜 원인은 교육 부재에 있다고 생각해. 그래서 기업 교육 전문가와 이야기를 나눠봤지."

"어떤 분이신데요?"

"에부치 야스코 씨야. 이과와 문과 대학원을 모두 졸업한 정말 뛰어난 분이지. 에히메대학 공학부에서 응용화학을 전공한 후, 졸업하고 분체 플랜트 엔지니어링 회사에서 컨설팅 영업을 시작했어. 이후 인재 비즈니스 회사로 옮겨서 영업과 관리직을 거친 후, 지금은 교육 사업에 종사하고 있어. 게다가 효고현립대 대학원에서 경영학 석사MBA도 취득했지."

"와, 정말 대단하네요!"

표7 계획적인 OJTOn-the-Job Training 교육 및
OFF-JTOff-the-Job Training 교육 실시 상황에 따른 매출액 증가율

계획적인 OJT 교육 실시 유무

	실시하고 있다	실시하고 있지 않다
실시하고 있다	9.5% (n-1,178)	6.2% (n-499)
실시하고 있지 않다	7.9% (n-680)	3.4% (n-1,467)

OFF-JT 교육 실시 유무

※매출액 증가율은 2015년과 2020년의 중위값을 비교
출처: (주)테이코쿠데이터뱅크 "중소기업의 경영력 및 조직에 관한 조사" (2021년 12월)

"이제 물류 문제에 이어 세 번째 주제인 '교육'에 대해 에부치 씨의 의견을 들어보자."

교육 부재는 과거에 머무르는 것

기업 교육 전문가, 에부치 야스코江渕泰子

—— **에부치 씨, 출판계의 교육 부재와 체계적인 교육 부족에 대해 어떻게 보시나요?**

에부치 : 정말 놀라운 일이에요. 업계에 계셨으니까, 근데 정말 교육이 전혀 없나요?

── 제 경험상 도매상에서는 어느 정도 체계적인 교육이 있지만, 대형 서점이나 출판사에서는 거의 찾아보기 어렵습니다.

에부치 : 신입사원 교육이나 업무 관련 교육도 없다는 건가요?

── 형식적인 신입사원 교육이나 산발적인 업무 교육은 있긴 하지만, 직원 성장을 위한 체계적인 자기계발형 교육은 거의 이루어지지 않고 있어요.

에부치 : 그렇다면, 출판사나 서점이 과거 방식에만 머무르려는 직원들만 키우고 있다는 뜻이네요. 엄격히 말하자면, 경영진이 직원들에게 마케팅이나 재무 같은 핵심 분야를 배우게 해서 그들의 성장을 돕고, 시대 변화에 맞는 조직으로 발전시키려는 의지가 부족한 것 같아요.

── 왜 이런 상황이 되었을까요?

에부치 : 아직도 출판사나 서점이 가족 사업●이라는 의식이 강해서, 교육을 통한 직원 육성의 중요성을 충분히 이해하지 못하는 것 같아요. 또, 시대 변화에 맞춰 책임감을 느끼는 간부들도 적죠. 다른 업종, 특히 제조업은 교육에 굉장히 열정적이에요. 해외와 경쟁하는 기업들은 '인재에 대한 투자가 곧 기업의 수익'이라는 걸 잘 알

●   일본 출판업계는 여전히 가족 경영이 많은 비중을 차지하고 있으며, 체계적인 교육이나 교육 프로그램이 부족한 실정입니다. 반면, 한국 출판업계에서는 대형 출판사들이 점점 더 체계적인 신입사원 교육과 경영 교육에 신경을 쓰고 있지만, 자기계발형 교육은 여전히 미흡한 경우가 많습니다.

고 있으니까요.

── 출판계에서는 그런 생각을 가진 사람들이 드물겠죠.

에부치 : 인재 투자를 하는 기업들은 이종 산업 교류회나 워크
숍에 참여해 다양한 시각을 키워요. 여성의 사회 진출이나 커리어
형성에도 관심이 많고요. 하지만, 닫힌 업계에서는 '인재 투자는 낭
비'라고 생각하는 경우가 많지 않나요? 출판사뿐만 아니라 방송국,
신문사 같은 미디어 업계도 교육에 그다지 열정적이지 않죠.

── 직원 교육을 제대로 하지 않는 업계는 어떻게 될까요?

에부치 : 혁신을 이루려면 직원들이 성장할 수 있는 환경을 만
들어야 해요. 교육을 하지 않는다는 건, 신입사원 때의 상태로 직원
들을 그대로 묶어두는 거나 마찬가지예요. 그들이 성장할 기회를
빼앗는 거죠. 출판계에서 혁신이 잘 이루어지지 않는 이유도 여기
있어요. 1대1 면담 같은 방법으로 동기를 부여하려고 해도, 그 스킬
을 체계적으로 가르치지 않으면 일시적인 효과에 그치고 말 겁니
다. 교육 내용에는 경영진의 경영 전략이 명확하게 반영되어야 합
니다.

고지마의 해설

어느 출판 관계자가 교육에 대해 이렇게 말했습니다.

"신입사원 교육 이후에는 체계적인 교육이 거의 이루어지지 않고 있습니다. 시대 변화에 대응할 능력과 유연성을 키울 수 있는 프로그램이 필요합니다. 앞으로 출판계를 이끌 인재가 무엇을 요구받는지 명확해지고 있습니다. 이를 충족할 교육 프로그램이 있다면 꼭 시도해 보고 싶습니다." 이 솔직한 이야기는 많은 것을 시사합니다.

대형 출판사나 서점에서도 체계적인 자기계발 교육은 거의 없고, 도매상에서만 어느 정도 이루어지고 있습니다. 저도 그 덕분에 중소기업 진단사 자격을 취득할 수 있었죠. 도매상인 토한이나 닛판에서는 서점을 위한 교육 프로그램을 제공하지만, 지속적이고 체계적인 교육이 부족합니다. 출판사를 위한 교육은 거의 전무한 상태죠. 지금이야말로 "쌀 백 석의 정신"(136페이지 참조)을 실천해, 출판계의 미래를 이끌 인재를 체계적으로 양성해야 할 때입니다. 교육 프로그램은 이미 마련되어 있습니다.

"출판계는 왜 이렇게까지 교육 부재의 업계가 된 걸까요?"

"지금 미디어 업계의 간부들이 처음 이 업계에 들어왔을 때는, 가장 우수한 인재들이 모였고, 업계도 성장하고 있었지. 그래서 굳이 체계적인 교육이 없어도 기업이 성장했어. 이제 그들이 이사회의 멤버가 되었을 때, 무엇을 어떻게 가르쳐야 할지에 대한 이미지가 없는 상태가 되어버린 거야."

"정말 '죽음에 이르는 병'이네요. 더 큰 문제는 많은 출판인이 이 사실을 깨닫지 못하고 있다는 거예요."

"출판계는 전후 50년 동안 성장했지만, 지난 30년 동안은 계속

하락해왔어. 그 이유 중 하나는 체계적인 교육이 없어서, 시대에 맞는 인재를 키워내지 못했기 때문일지도 몰라."

"듣고 있으면 출판계가 인재 육성에 소홀하고, 사람을 소모하는 업계처럼 보일 수도 있겠어요."

"에부치 씨는 다양한 업종에서 교육을 담당했어. 상장 기업부터 유통업, IT, 운송업까지 말이지. 그런 에부치 씨의 눈에는 출판계의 교육 부재가 비정상적으로 보일 거야."

"출판계에서도 교육에 열정적인 기업은 없을까요?"

"있지. 북오프."

"북오프요?"

"몇 년 전에 삼촌을 '북오프 교육 강사로 적합하다'고 소개해준 분이 계셨어. 그 회사의 사장님이 직접 당일치기로 마쓰야마까지 와서 내 교육 내용을 듣고, 바로 결정했지. 2019년과 2020년에는 북오프 간부 직원 교육을 맡았는데, 그 교육에 바쁜 사장님도 참관자로 참석하셨어."

"정말 놀라운 일이네요."

"직원 교육에 이 정도로 열정을 가진 출판계 기업이 또 있을까? 북오프 내부에는 잘 짜인 교육 프로그램이 있고, 그 일부는 홈페이지에도 공개되어 있어. 사장님 본인도 직접 강사로 나서서 교육을 하기도 하고. 이렇게 체계적인 교육을 받은 직원들이 있는 북오프는 꾸준히 좋은 성과를 내고 있어. 출판계도 북오프의 교육 방식을 배울 필요가 있지 않을까?"

여기 에부치 씨가 서점을 위해 만든 포괄적인 교육 계획을 실어 두었습니다. 신입사원, 점장, 간부 직원 등 직급별 프로그램을 만들 수 있습니다. 참고하시길 바랍니다. 물론 원하신다면 출판사를 위한 교육 계획도 협의 가능하다고 합니다.•

| | 주로 Off-JT(Off-the-Job Training)로 진행됩니다 | | OJT가 중심 |
	컨셉추얼 스킬 (개념화 스킬)	휴먼 스킬 (대인 관계 스킬)	테크니컬 스킬 (업무 수행 스킬)
간부사원	목적: 사업 전략 수립 〈예시〉 •SWOT 분석 등의 전략 프레임을 활용해 사업의 방향성을 구상함 •'매니지먼트의 기초'	목적: 과제 해결 〈예시〉 • 프레젠테이션 • 협상 • 자기 주장	목적: 전략 수립 방법 〈예시〉 • 시장분석 • 인재육성계획 수립 • '결산서 읽는 법 입문' • '마케팅 사고 입문'
점장	목적: 서점의 원활한 운영 〈예시〉 •'리더십을 기르기' •'업무 개선의 사고방식과 절차'	목적: 업무 진행 방법 〈예시〉 • 부하 직원 및 후배 지도 (티칭, 코칭) • 효과적인 회의 진행 방법 • 1대1 미팅 (1on1 미팅)	목적 : 서점 운영에 필요한 기술 〈예시〉 •예산관리 · 판촉 계획 •집객 이벤트 •노무 관리(교대제 포함) •'매장의 계수 관리 입문'
서점 직원	목적: 책에 대한 이해 〈예시〉 •자신만의 전문 분야를 갖기	목적 : 사회인으로서의 기본 〈예시〉 •인사, 보고, 정리정돈 •업무 관리 •시간 관리 •PDCA, 우선순위	목적: 서점 직원으로서의 전문 기술 〈예시〉 •접객 매너 •POP 작성 •포장하기 •책 읽어주기

에부치 씨 작성

• 일본의 도매상인 토한과 닛판은 서점을 위한 교육 프로그램을 운영하고 있지만, 주로 기본적인 업무 교육에 치중된 경우가 많습니다. 반면, 일본의 북오프는 체계적인 직원 교육 시스템을 갖추고 있어 업계 내에서도 독특한 사례로 평가받고 있습니다. 한국의 출판사와 서점에서도 신입사원 교육이나 판매 관련 교육은 존재하지만, 일본과 마찬가지로 자기계발형 교육이나 관리직을 위한 체계적인 교육 프로그램은 부족한 실정입니다.

제20화

도서관 문제와 거리 서점의 미래

"야마나시현 고후시에서 창업 120년이 넘은 노포 서점을 운영하는 스도 레이코 씨에게 매료된 출판인들이 많아. 나도 그중 한 명이지. 이케이도 준도 그녀를 모델로 한 여성을 소설에 등장시킬 정도니까. 스도 씨와 이야기하다 보면 경영 수치가 술술 나와. 서점 경영을 숫자로 설명할 수 있는 몇 안 되는 경영자가 바로 스도 씨야. 그녀는 지역 금융기관의 스터디 모임 ˚에서 꾸준히 공부하고 있기 때문이지. 그런 스도 씨에게 도서관과 지역 서점의 관계에 대해 물어봤어."

"흥미롭네요."

● 일본의 전통 서점들은 지역 사회와 긴밀하게 연계되어 있으며, 지역 금융기관이나 도서관과의 관계를 통해 생존 전략을 모색하는 경우가 많습니다. 한국의 경우도 지역 서점들이 도서관과 협력하거나 지역 경제와 연계된 활동을 점차 확대하고 있지만, 일본에 비해 상대적으로 규모가 작고 체계적인 연계 프로그램이 부족한 편입니다.

동네 서점은 자원봉사로?

로게츠도 대표이사 스도 레이코須藤令子

—— 도서관과 지역 서점의 관계가 어려운 상황이라고 생각하는데, 스도 씨는 어떻게 보고 계신가요?

스도 : 고후시 중심부에 있던 준쿠도 서점이 개점하든 폐점하든(2023년 1월 폐점) 제 가게 매출에는 큰 영향이 없었어요. 하지만 현립도서관이 장서를 대폭 늘리고 역 근처로 이전했을 때는 매출이 확실히 줄었습니다.

—— 그 이야기가 놀랍네요. 도서관과 서점이 공존할 수 있는 방안이 있을까요?

스도 : 서너 가지가 있습니다.

1. 아카이브로서의 도서관은 신간을 반년 이상 비치하지 않는다.

2. 도서관은 같은 책을 여러 권 보유하지 않는다.

3. 행정은 도서관을 이용자 수나 대출 권수로만 평가하지 않는다.

—— 도서관과 서점의 공존°을 위한 당연한 이야기군요. 예전에 야마나시

- 일본에서는 도서관과 지역 서점 간의 공존 문제가 꾸준히 제기되고 있습니다. 일본의 많은 도서관은 장서 구입을 위한 경쟁 입찰 시스템을 사용하고 있는데, 이 과정에서 서점들이 할인된 가격으로 납품을 요구받는 경우가 많습니다. 반면, 한국에서는 도서관 장서 구입이 지역 서점과의 수의계약을 통해 이루어지는 경우가 많지만, 여전히 공공입찰이 필

현립도서관의 아토다 다카 씨가 "시간이 있는 사람은 도서관에서, 돈을 낼 수 있는 사람은 서점에서 책을 읽는다"라고 했던 말이 떠오릅니다. 또 다른 과제는 없나요?

스도 : 도서관에 납품할 때는 책 자체와 장비품이라 불리는 것(도서관 소장용 라벨, 비닐 코팅, 서지 데이터 등)의 두 종류가 있는데, 입찰 시에는 일괄적으로 입찰 가격을 제시해야 합니다. 그 결과, 행정은 모르는 사이에 서점에 책 가격 할인*을 강요하게 됩니다.

—— **이익이 줄어드는 심각한 상황이군요.**

스도 : 서점은 적자가 나도 재판제도로 인해 마음대로 가격을 올릴 수 없는데, 도서관에 납품할 때는 지방자치단체에서 가격 인하를 요구하는 게 말이 안 되지 않나요?

—— **서점의 일상 업무에 대한 불만도 들려주세요.**

요한 상황에서 비슷한 문제들이 발생할 수 있습니다.

* 책 가격이 일정한 이유는 독점금지법 제23조 제4항에 따른 재판매 가격 유지 제도가 적용되기 때문입니다. 이 규정에 따라 소매업자는 책의 가격을 임의로 조정할 수 없습니다. 그러나 과거에 책 이외의 업종에서 행정과 업자 간 유착이 있었기 때문에, 중앙 관청에서는 일정 금액 이상의 물품을 구매할 때 경쟁 입찰을 하라는 '통지'를 각 지방자치단체에 내렸습니다. 각 지방자치단체도 이를 그대로 따라 하고 있습니다. 하지만 법률이 '통지'보다 우선이므로, 지방자치단체가 독점금지법의 예외 규정을 무시하고 소매업자에게 가격 인하를 강요하는 것은 문제가 있다고 봅니다. 만약 지방자치단체가 지역 서점을 진정으로 보호하려 한다면, 도서관이 책을 구매할 때만큼은 지역 서점에서 정가로 수의계약을 맺어 납품할 수 있도록 해야 합니다. 이렇게 한다면, 도서관과 서점이 공존할 수 있을 것입니다.

스도 : 출판사가 만드는 잡지 부록 작업*이 특히 번거로워요. 잡지와 부록이 따로 납품되기 때문에, 서점에서 이를 아침마다 하나로 합쳐서 진열해야 하죠. 이건 전적으로 서점이 부담해야 하는 일입니다.

—— **서점의 미래에 대해 어떻게 생각하시나요?**

스도 : 도매상이 주도한 '아침 10분 독서' 운동은 일본의 독자 인구를 늘리는 데 기여하는 좋은 시도라고 생각합니다. 하지만 서점은 이대로 가면 5년도 버티기 어렵고, 10년 후에는 동네 서점이 거의 사라질 겁니다. 그나마 남아 있는 서점들도 자원봉사로 운영될 가능성이 큽니다.

—— **120년 넘게 운영된 서점 사장의 말을 출판계 거물들은 어떻게 받아 들일까요?**

고지마의 해설

랑게츠도가 집 근처에 있다면 얼마나 즐거울까요? 독자 여러분도 기회가

---

* 이것은 서점 입장에서 보면 지극히 당연한 의견입니다. 서점에 진열되는 잡지의 부록은 잡지 본지와 분리된 상태로 납품되며, 서점이 이를 함께 묶는 작업을 아침마다 해야 합니다(제2화 45페이지 참조). 예외가 있긴 하지만, 기본적으로 서점이 부담하는 일입니다. 스도 씨가 말한 불만은 전국의 서점들이 공통적으로 느끼는 문제를 대변한 것에 불과합니다. 항상 정론을 이야기하는 스도 레이코 씨는 어쩌면 서점업계의 잔다르크가 될지도 모릅니다.

된다면 꼭 한 번 들러보시길 바랍니다. 이 서점은 장르별 서가 담당자가 자신의 안목으로 책을 선정하고, 독자와 직접 소통하며 책을 판매하는 곳입니다. 독특한 상품 구성을 통해 서점과 독자는 마음을 주고받죠. 스도 레이코 씨는 근처에 새로 생긴 아파트에 대해 이렇게 말했습니다.

"이곳은 슈퍼, 공원뿐만 아니라 서점이 가까워서 더 매력적이에요. 서점은 지역 치안을 지키는 역할도 하고 있죠."

이런 말을 할 수 있는 서점 사장이 지금 일본에 몇 명이나 있을까요? 이 말은 스도 씨가 서점인으로서 느끼는 자부심을 잘 보여줍니다.

스도 씨의 노력은 단지 매력적인 가게를 만드는 데 그치지 않습니다. 그녀는 행정, 민간기업, 현립도서관과 서점이 협력해 진행하는 '야마나시 독서활동 추진사업'의 실행위원장을 맡고 있으며, 최근에는 지역 학생들도 이 활동에 참여하고 있다고 합니다. 또, '작가 강연회 + 와인과 책과 독서' 같은 특별한 행사도 기획하며 활발하게 활동 중입니다. 스도 씨는 정말 열심히 노력하고 있습니다.•

"사토시, 스도 씨 이야기를 듣고 어떤 생각이 들었니?"

"서점에 취업하기 전에 한 번쯤 스도 씨 이야기를 직접 들어보고 싶어요."

• 일본의 랑게츠도와 같은 전통 서점은 지역 사회의 문화적 중심지로서 중요한 역할을 하고 있으며, 행정과 협력하여 독서 활동을 추진하는 등 다양한 사회적 활동을 펼칩니다. 한국에서도 일부 독립 서점들이 비슷한 역할을 하고 있지만, 일본에 비해 규모와 체계적인 활동 면에서 차이가 있습니다. 또한, 일본에서는 재판매제도와 관련한 도서관 납품 및 할인 문제가 자주 논의되는데, 한국에서도 도서관과 서점 간의 관계 및 가격 정책에 대한 논의가 확대될 필요가 있습니다.

"왜 그렇지?"

"스도 씨라면 현장에서 서점의 상황과 과제, 그리고 미래에 대해 들을 수 있을 것 같아서요."

"다른 이유는 없고?"

"법을 공부하는 입장에서, 도서관 납품과 재판매제도, 그리고 고시에 따른 할인 문제를 현장에서 직접 보고 싶어요."

"든든하구나. 랑게츠도에는 지방 서점의 양심과 영혼이 깃들어 있어 배울 점이 많을 거야. 인턴십 제도가 있는지는 모르겠지만, 내가 스도 씨에게 한 번 물어볼게."

"와, 감사합니다! 정말 기대돼요!"

"랑게츠도에서 인턴십을 마치고 돌아오는 길에 삼촌에게 고슈와인 선물하는 것도 잊지 말고."

닛판 '훼미리 마트, 로손' 잡지 거래 중단 사태의 충격

◉

"사토시, 3부 요약은 출판계에 대한 삼촌의 메시지라서 별로 재미 없을지도 몰라."

"그래요? 뭔가 어려운 얘기가 나오겠네요."

"맞아. 조금 딱딱한 이야기라서 일반 독자들은 별로 흥미를 느끼지 않을 거야. 그래서 안 읽고 넘어가도 돼. 하지만 출판업계 사람들에게는 꼭 하고 싶은 이야기고, 언젠가 이 내용을 가지고 자유롭게 논의할 기회가 있으면 좋겠다는 생각을 했어."

출판사에 대해서

출판사가 앞으로도 재판매가격유지제도재판제도[•]를 유지하려면, 출판

• 일본의 재판매가격유지제도는 출판사와 서점 간에 책의 가격을 고정시킵니다. 한국에 서도 재판제도가 유지되고 있지만, 양국 모두에서 온라인 서점의 할인 경쟁이 치열해지

물 가격을 약 15% 인상하고, 도매상의 유통 마진을 10% 줄이는 것은 불가피합니다. 이 중 2%는 도매상에, 8%는 서점에 분배하거나 그에 상응하는 백마진을 지급하는 것이, 현재 어려움을 겪고 있는 도매상과 서점의 경영을 개선하는 가장 빠른 길이라고 생각합니다.

물론 이 의견에 이견이 있을 수 있다는 것은 저도 충분히 이해합니다. 하지만 출판계에서 금기시되던 공급률에 대한 논의를 이제 시작해야 할 때가 아닐까요? 공급률 인하가 어렵다면, 출판사는 재판제도를 포기하고 가격 결정권을 도매상과 서점에 맡기는 방법 외에는 출판계가 생존할 길이 없습니다.

영업 측면에서는 도매상의 협력을 얻어 신간 사전 주문 시스템을 구축하고, 디지털 전환DX을 강력히 추진하는 것이 중요합니다. 이미 도매상은 신간 배포를 신속하게 처리할 여유도, 그로 인한 이익도 거의 남아 있지 않습니다.

편집 측면에서는, 제18화에서 요코야마 씨(가명)가 지적한 것처럼, 경영진이 편집자에게 '정해진 기간 안에 신간 출간 부수'를 요구하는 대신, '정해진 기간 안에 담당 책의 판매량'을 요구하는 방식으로 경영 방식을 전환해야 합니다. 이것이 독자와 서점 모두가 원하는 '잘 팔리는 책'으로 이어지는 출발점이 될 것입니다. 출판사가 양심에 따라 좋은 책을 지속적으로 만들어 나가야만 스테디셀러가

면서, 재판제도에 대한 논의가 활발히 이루어지고 있습니다. 일본의 도매상 구조는 한국보다 복잡하며, 한국 출판계는 도매상에 의존하는 비율이 적은 편입니다. 공급률이나 백마진과 같은 유통 마진에 대한 논의는 일본에서 더 중요한 이슈로 다뤄지고 있습니다.

탄생하고, 출판계도 다시 활기를 되찾을 수 있습니다.

또한, 23화에서 쓰지마 사카에 씨, 25화에서 이마무라 쇼고 씨가 지적한 것처럼, 출판사는 저자를 프로듀싱하고 보호하며 키워나가야 할 책임이 있습니다. 현재 출판계는 책의 출발점인 저자와 끝점인 서점 모두가 위기에 처해 있습니다.

도매상에 대하여

대부분의 일반 독자들은 도매상의 존재를 잘 알지 못합니다. 제 대학 동기가 대형 출판사의 잡지 편집자로 일했는데, 그가 "토한이 어떤 일을 하는 회사인지 몰라"라고 말한 적이 있습니다. 이것이 현실일지도 모릅니다. 여기까지 읽은 독자 여러분은 어느 정도 도매상에 대해 이해하셨을 거라 생각합니다만, 제가 토한에서 일할 당시 고故 가나다 만스지 전 사장님께서 하신 말씀이 기억납니다.

"우리 도매상은 훌륭한 출판물을 만들어 주는 출판사에 대한 존경과 그 출판물을 독자에게 팔아주는 서점에 대한 감사를 잊어서는 안 된다."

이 말을 바탕으로, 도매상에 대한 비판을 겸허히 받아들이면서 이야기를 이어가겠습니다. 독자 여러분이 출판계에서 느끼는 가장 큰 불만 중 하나는 '주문한 책이 왜 이렇게 늦게 입고되느냐'일 것입니다. 그 원인은 명확합니다. 출판 유통은 도매상이 담당하는데, 이 유통망이 원래 잡지 배송을 기반으로 하고 있기 때문입니다.

잡지 배송망은 저렴한 비용으로 전국 구석구석까지 연결되어 있어, 도매상은 이 시스템에 책 배송을 얹어 사용하는 방식으로 운영해 왔습니다.

하지만, 서적 주문품은 이 시스템에 일종의 우회 경로로 처리되어 신속성이 떨어지고, 그로 인해 책 주문이 늦어지는 것입니다. 이것이 문제의 원인입니다. 그러나 최근 이 상황에 변화의 조짐이 보이기 시작했습니다.

2023년은 토한과 닛판이 서로 다른 경영 방침으로 전환한 해였습니다.• 이제 두 회사는 더 이상 '도매상'이라는 단어로 하나로 묶기 어려운 형태로 변화하고 있습니다. 토한은 출판물의 홀세일러wholesaler로 남겠다는 의사를 명확히 했고, 닛판은 출판 판매 기능을 축소하고, 배송과 대금 회수를 주축으로 하는 디스트리뷰터distributor로 나아가겠다는 방향을 밝혔습니다.

토한의 곤도 토시타카 사장은 여러 지역에서 열린 토한 모임에서 다음과 같이 말했습니다.

"우리는 독일형 모델을 참고해 경영을 진행하고 있습니다. 신간 서적의 사전 주문 시스템을 강화하고, 주문품 출하 속도를 높이는 두 가지 '마켓 인Market-In' 전략을 통해 도매 사업을 재구축하고

• 일본의 출판 도매상인 토한과 닛판은 서로 다른 경영 전략을 취하고 있습니다. 토한은 서적 유통의 속도와 품절 및 절판 방지에 중점을 두고 주문형 소량 출판(POD) 시스템을 도입해 출판업계의 요구에 대응하고 있습니다. 반면, 닛판은 배송과 대금 회수에 중점을 둔 디스트리뷰터로의 전환을 모색하며, 기존 도매 기능을 축소하고 있습니다. 한국에서도 유통의 디지털화와 물류 혁신이 이루어지고 있지만, 일본 도매상들의 구조적인 변화는 일본 출판계에 독특한 영향을 미치고 있습니다.

있습니다. 높은 반품률과 유통 비용 문제는 반드시 해결해야 할 과제입니다. 이를 위해 토한의 물류 기지인 오케가와 센터에 POD^{Print on Demand} 기계를 도입해 품절 및 절판된 서적도 소량 인쇄할 수 있도록 하고 있습니다. 또한, 로손과 훼미리마트와의 거래를 통해 출판 유통망을 강화하고 잡지 문화를 지키기 위한 조치도 취할 예정입니다."

반면, 닛판의 오쿠무라 사장은 2023년 적자가 40억 엔에 이를 것으로 예상하면서, 닛판이 출판 판매 기능을 줄이고, 배송과 대금 회수 수수료를 기반으로 하는 새로운 비즈니스 모델로 전환할 것이라고 밝혔습니다. 북셀러즈&컴퍼니 설립은 그 전환의 일환이며, 닛판의 거래 서점들도 이 새로운 모델에 참여하도록 권유하고 있습니다. 닛판이 잡지 배송과 책 배송망을 어떻게 새롭게 재구축할지는 아직 명확하지 않지만, 토한과는 대조적인 경영 전략을 취하고 있어 흥미롭습니다.

도매상은 종종 비판의 대상이 되지만, 그들의 노력이 정당하게 평가받는 경우는 드뭅니다. 저는 토한 출신이기에 다소 편향적일 수 있지만, 곤도 사장이 이끄는 토한의 몇 가지 주목할 만한 점을 말씀드리고 싶습니다.

우선 주목할 만한 점은, 전후 약 80년 동안 출판계가 오랫동안 기다려온 로비 활동[•]을 본격화했다는 것입니다. 집권당의 '거리

• 일본 출판계는 최근 로비 활동을 강화해 정치적 영향력을 확대하고 있으며, 출판 유통 구조의 변화에도 대응하고 있습니다. 닛판이 로손 및 훼미리마트와의 거래 중단에도 불구

의 서점을 활성화하고 일본 문화를 지키는 의원 연맹'을 크게 발전시켰고, 현직 총리에게 직접 출판계의 위기를 호소해, 그가 시정 방침 연설에서도 이 문제를 언급하게 했습니다. 이는 출판계가 정치적 영향력을 행사한 중요한 진전이라 할 수 있습니다.

물론, 로비 활동에 대한 비판도 있습니다. 과거 출판계가 충분한 로비 활동을 하지 못해 소비세 경감세율을 얻지 못한 경험이 있었습니다. 하지만 이번 로비 활동은 2024년 3월 발표된 '경제산업성 장관 직속 서점 진흥 프로젝트팀' 출범에 직접적인 영향을 미쳤습니다.

또한 주목할 부분은, 닛판이 로손과 훼미리마트와의 거래 중단을 결정했을 때, 수십억 엔의 막대한 투자를 감수하며 그 사업을 이어받기로 한 결단입니다. 이는 일본의 출판사가 잡지 출판을 계속할 수 있도록 한 중요한 조치였습니다. 잡지의 미래가 불투명한 상황에서, 닛판의 이 결정은 매우 어려운 선택이었으며, 잡지의 붕괴는 출판계 전체에 큰 위기를 가져올 수 있었습니다. 하지만 닛판은 최악의 사태를 피했습니다.

앞으로 닛판은 출판사들과 협상하여 적정 부담을 요구할 것으로 보이지만, 출판사들도 이에 대비해 대응할 필요가 있습니다.

오쿠무라 케이치 사장은 오랜만에 영업 현장 출신으로 닛판의

하고 잡지 출판을 유지하려는 노력은 출판계에서 중요한 역할을 합니다. 반면, 한국의 출판 유통은 대형 온라인 서점과 물류 업체가 주도하고 있어, 일본과는 다른 형태의 도매상 역할이 이루어지고 있습니다.

사장 자리에 오른 인물로, 그의 소탈한 성품 덕분에 많은 서점들이 그를 신뢰하고 있습니다. 그러나 닛판은 2022년 30억 엔의 적자를 기록했고, 2023년 상반기에는 적자 폭이 더욱 커지면서 상황이 긴박해졌습니다. 오쿠무라 사장은 로손과 훼미리마트와의 거래 중단 과정에서 일부 실수를 인정했으며, 이로 인해 대형 출판사들이 닛판에 불신을 가지게 된 것도 이해됩니다. 하지만 닛판이 기노쿠니야 서점, TSUTAYA와 함께 설립한 '북셀러즈&컴퍼니'까지 비판하는 것은 과도한 반응일 수 있습니다. 닛판 역시 새로운 도매상 모델을 모색하며 생존을 위한 노력을 기울이고 있습니다.

물류에 대하여

지금까지 이야기한 내용과 중복되지만, 출판 유통의 근간은 여전히 잡지 배송입니다.[*] 특히 전국 약 5만 개의 편의점 유통망이 그 중심을 이루고 있죠. 극단적으로 말하자면, "편의점에 배송할 때 서점에 책도 함께 운반하는" 구조입니다. 닛판이 로손과 훼미리마트와의 거래를 중단한 것을 토한이 이어받은 것은 일종의 사명감이라 할 수 있습니다.

- 일본 출판 유통의 대부분은 여전히 잡지를 중심으로 운영됩니다. 편의점, 슈퍼마켓 등 다양한 소매점에 잡지를 배포하는 효율적인 유통망이 형성되어 있기 때문에, 이 네트워크에 책 배송도 함께 얹혀가는 구조입니다. 일본의 잡지 시장은 오랫동안 출판계의 큰 축을 이루었지만, 디지털 매체의 성장으로 인해 잡지 판매는 지속적으로 감소하고 있습니다. 그럼에도 불구하고 잡지 배송망이 출판 유통의 기반을 유지하고 있다는 점은 일본 출판계의 구조적 특성을 잘 보여줍니다.

닛판이 앞으로 어떤 방식으로 물류 시스템을 구축할지는 매우 흥미롭습니다. 물류 관련 컨설던트가 참여하고 있다고 들었으니, 어느 정도 전망을 바탕으로 결정한 것이라 생각됩니다. 토한은 기존의 잡지 배송망을 유지하고 있고, 닛판은 새로운 서적 중심의 유통망을 구상하고 있는 듯 보입니다. 두 회사의 경영 전략 중 어느 쪽이 더 성공적일지는 시간이 지나면 드러나겠죠.

여기서 주목할 부분은, 제7화에서 오가키 씨가 언급한 KADOKAWA의 당일 출하 시스템*입니다. 토한이 독일형 도매상을 지향하고, 닛판이 서적 취급 마진제 도입을 고려하고 있는 만큼, 서적 전용 출판 유통 시스템의 재구축은 시급한 경영 과제입니다.

잡지 발매일 협정에 대하여

2024년부터 물류 문제로 인해 지방에서 잡지 발매일 지연이 발생할 예정입니다. 수도권이나 간사이권에 거주하는 독자들은 잘 알지 못하지만, 지방의 잡지 발매일은 지역마다 다르게 설정되어 있습니다. 이는 출판업계의 잡지 발매일 협정**때문입니다. 이 협정은 같은

* KADOKAWA는 일본의 대표적인 출판사 중 하나로, 출판 유통에서 신속성을 높이기 위해 당일 출하 시스템을 도입했습니다. 이는 주문이 들어오면 당일 출하를 통해 고객에게 신속히 책을 전달하는 방식으로, 특히 온라인 서점과의 연계를 강화하는 데 중요한 역할을 하고 있습니다. 이 시스템은 출판 유통의 새로운 모델로 자리 잡고 있으며, 한국에서도 일부 대형 서점에서 당일 배송 시스템이 점차 확대되고 있습니다.

** 잡지 발매일 협정은 일본 출판업계에서 지역별 서점들이 같은 날 잡지를 발매할 수 있도록 만든 규정입니다. 이 협정은 과거 잡지가 주요 미디어였을 때 시작되었으며, 출판사들

지역 내 서점들이 잡지를 같은 날 발매할 수 있도록 정해놓은 규정으로, 이를 맞추기 위해 복잡한 배송 경로가 설정되고 도쿄에서 잡지를 발송하는 데 상당한 비용이 소요됩니다.

출판업계에서는 이 관습이 당연하게 여겨지지만, 외부에서는 비효율적으로 보입니다. 실제로 일부러 잡지의 서점 도착 날짜를 늦추는 상황이 벌어지고 있는 것입니다. 수도권, 간사이권, 중부권에서는 도쿄에서 발송된 잡지가 당일 발매되지만, 동북 지방과 시코쿠 지방은 이틀 후, 규슈와 홋카이도는 3일 후에 발매됩니다.

2024년 이후 물류 개혁이 이루어지면 먼 지역의 발매일은 더 늦어질 가능성이 큽니다. 이 협정은 잡지가 주요 미디어였던 시절에 시작된 것으로 보이지만, 출판업계의 비용 절감을 위해 이제는 발매일 협정을 폐지해야 할 때입니다.•

전문가에 따르면, 이 협정을 폐지하면 지방 발매일이 하루 이상 빨라질 수 있다고 합니다. 출판업계는 여전히 과거의 관습을 유지하려는 경향이 남아 있습니다. 쇼와 시대의 유물인 이 협정은 더 이상 유효하지 않으며, 출판업계는 이를 진지하게 검토하고 폐지

이 지방에서도 동일한 날짜에 잡지를 발매할 수 있도록 복잡한 유통 경로와 일정 조정을 요구하는 방식입니다. 하지만 시대가 변하면서 이 협정은 물류비용 증가와 지방 발매 지연을 초래하는 요인이 되었습니다.

• 2024년 이후 일본 출판업계에서는 물류 개혁이 예정되어 있으며, 이는 특히 지방에서 잡지 발매일 지연을 심화시킬 가능성이 큽니다. 닛판이 로손과 훼미리마트와의 거래를 중단하고, 토한이 이를 이어받은 것은 출판 유통망을 새롭게 재편하려는 움직임 중 하나입니다. 하지만 지방 발매 지연 문제를 해결하기 위해서는 발매일 협정 자체를 폐지하는 것이 근본적인 해결책으로 제시되고 있습니다.

논의를 시작해야 합니다. 닛판이 로손과 훼미리마트와의 거래를 중단하면서, 편의점 배송 비용을 줄이기 위한 방안을 모색했지만, 결국 이 협정이 걸림돌이 되었습니다.

몇천 엔에 불과한 잡지 묶음을 이른 아침까지 지정된 발매일에 맞춰 배송하는 것은 현실적이지 않습니다. 이번 취재에서 발매일 협정을 고수하려는 사람은 한 명도 없었습니다.

서적 배송 시간을 심야에서 주간으로 옮기는 문제도 충분히 논의할 가치가 있습니다. 잡지 물류를 담당하던 여러 회사가 있었으나, 이제는 토한과 닛판만 남았습니다. 닛판이 2025년 로손과 훼미리마트와의 거래에서 철수하면, 이를 이어받은 토한이 잡지 판매 시장의 70% 이상을 점유할 것입니다. 이 상황에서 발매일 협정은 더 이상 의미가 없습니다. 누구를 위해, 무엇을 위해 이 협정을 유지할까요? 하루빨리 폐지하는 것이 옳으며, 닛판이 대형 편의점에서 철수하는 시점에 맞춰 폐지될 수 있을 것입니다.•

"삼촌, 확실히 좀 딱딱한 이야기였어요."

"응, 나도 그렇게 생각해. 하지만 이게 아마 사토시에게 가장 전하고 싶었던 출판계의 현실이었을지도 몰라."

• 일본의 잡지 발매일 협정은 동일 지역 내 서점들이 같은 날 잡지를 발매하도록 하는 관습입니다. 이는 출판업계의 오랜 전통이지만, 물류비용과 발매일 지연 문제로 비판받고 있습니다. 한국에서는 일본처럼 잡지 발매일 협정이 존재하지 않으며, 출판물의 지역 발매일 차이도 크지 않습니다. 일본 출판업계의 이 관행은 서점 간의 공정한 경쟁을 위해 유지되어 왔으나, 물류 혁신과 유통의 효율화를 위해서는 이제 폐지 논의가 필요하다는 목소리가 커지고 있습니다.

"그건 좀 씁쓸한 이야기네요. 출판계에 뭔가 더 밝은 소식은 없을까요?"

"알겠어. 걱정 마. 다음 제4부부터는 출판계에 희망을 가질 수 있는 이야기니까 기대해도 좋아."

제4부

제안

서점의

생존을 위한

길

제21화

히로시마의 낙후된 지역에서
세계를 대상으로 장사하다

❋

"사토시, 지금까지 1부에서는 서점들이 직면한 어려운 현실, 2부에서는 다양한 서점들의 개성 있는 노력, 3부에서는 출판계의 여러 문제를 다뤘어. 이제 마지막 4부에서는 서점의 미래에 희망을 줄 수 있는 이야기를 해볼까 해. 먼저, 히로시마의 작은 마을에서 창의적인 아이디어로 서점을 운영하며 출판업계에서 주목받고 있는 사토 도모노리 씨의 이야기를 소개할게."

"기대가 되네요."

"사토 씨가 사는 히로시마현의 쇼바라시는 오카야마현과 접해 있는 인구 3만 2,000명 정도의 산간 지역이야. 그중에서도 구 도죠 마을(인구 6,800명)에서 '위 토죠점'이라는 독특한 서점을 운영하고 있어. 이 마을에서 마지막 남은 서점이기도 하지. 사토 씨는 130년 넘게 이어져 온 가업의 4대 사장인데, 이런 열악한 환경 속에서 어떻게 이 서점이 살아남았는지 궁금하지 않니? 차로 히로시마시에서 2시간, 후쿠야마시에서도 1시간 반이나 걸리는데도 출판계 사람들이 사토 씨를 만나러 자주 방문해."

"정말, 궁금하네요."

"사토 씨의 따뜻한 성격에 끌려서 찾아오는 사람도 있지만, 가장 큰 이유는 그 서점이 인구가 적은 지역에서 운영되면서도 서점의 미래 가능성을 보여주고 있기 때문인 것 같아."

"음, 그렇군요."

"게다가 '이 서점에서 일하고 싶다'며 젊은 사람들이 자꾸 찾아오고 있대. 대형 서점을 그만두고 오는 사람도 있다고 하더군. 더 알고 싶으면 사토 씨가 공동 저자로 참여한《서점에서 기다리다本屋で待つ》라는 책을 한번 읽어봐. 흥미로운 이야기들이 많아. 미디어에서도 '위 도죠점'이 많이 소개됐어. 그럼, 사토 씨 이야기를 한번 볼까."•

미용실, 빵집, 코인 세탁소…
그래서 우리는 서점입니다

소쇼 사토 대표이사 사장 사토 도모노리佐藤友則

• 일본의 위 토죠점은 인구소멸지역에서 독창적인 운영 방식을 통해 주목받는 서점입니다. 이러한 교외형 서점은 지역 사회와 긴밀히 연결되어 있으며, 일본에서는 이와 같은 서점들이 점점 더 중요한 역할을 하고 있습니다. 한국에서도 독립 서점들이 지역 사회와의 연계를 통해 서점의 미래를 모색하고 있는 상황이므로, 위 토죠점의 사례는 한국 독자들에게도 흥미로운 참고가 될 수 있습니다.

── 갑작스러운 질문일 수도 있지만, 사토 씨가 생각하는 책의 본질은 무엇인가요?

사토 : 저는 책이 모든 상품의 게이트웨이, 즉 시작점이라고 생각해요. 책만큼 다른 상품들과 잘 어울리는 건 없거든요. 만약 상업의 중심을 그린다면, 그 중심에는 언제나 책이 있을 겁니다. 그래서 아마존도 책에서 시작해 대성공을 거뒀죠. 이제 우리 서점도 더 이상 책만 팔고 있을 순 없다고 생각해요.

── 사토 씨의 비즈니스 아이디어는 항상 고객의 목소리에서 출발하는 것 같습니다. "이게 없어서 불편하다", "이게 있으면 좋겠다" 같은 고객들의 요청에서 새로운 비즈니스 기회를 발견하셨습니다. 그중 몇 가지 에피소드를 들려주실 수 있나요?

사토: 네, 몇 년 전 연말에 한 어르신이 연하장 인쇄를 맡기시면서 주소 입력을 도와달라고 하셨어요. 주소를 입력해 드리고, 연하장의 앞뒷면을 모두 인쇄해 드렸더니 정말 기뻐하시더라고요. 그래서 이걸 서비스로 정식 도입하게 되었고, 연말이면 특히 바쁜 서비스로 자리 잡았어요.

── 재미있네요. 또 다른 에피소드도 있나요?

사토 : 한 번은 손님이 프린터를 들고 오셔서 수리해달라고 하시더군요. 가전점에서는 못 고쳐준다고 했대요. 저도 직접 수리는 못 하지만, 제조사에 연락해서 결국 문제를 해결해 드렸어요.

── 정말 놀랍네요. 고객들이 그만큼 사토 씨 가게를 신뢰한다는 뜻이겠죠. 사토 씨는 이런 방법으로 책뿐만 아니라 다양한 사업 기회를 찾아내신 것 같아요. 그 과정에 대해 더 알려주실 수 있을까요?

사토: 여성지나 미용 잡지가 잘 팔리기 때문에, 그와 시너지 효과를 내기 위해서 개점 초기부터 화장품도 함께 판매하고 있어요. 또 아내가 미용사 출신이라 미용실도 함께 운영하면서 수익을 내고 있죠. 재미있는 사례로, 고등학생 때 우리 서점에서 아르바이트했던 여학생이 10년 후 다시 와서 "빵집을 하고 싶다"라고 하길래, 부지 내에 공간을 제공해 주고 창업할 수 있도록 해줬어요.

── 저도 그 빵을 먹어봤는데, 정말 맛있더라고요. 또 다른 사례도 있나요?

사토: 교외에 있는 서점이라 주차장에 남는 공간이 있었는데, 거기에 무인 계란 자판기를 설치해서 지역 농가를 돕고, 저희도 매출을 올렸죠. 최근에는 코인 세탁소 사업도 시작했는데, 수익률이 70%에 달합니다. 기기 고장이나 잔돈 문제가 생기면 바로바로 매장에서 해결할 수 있어서 고객들이 안심하고 사용할 수 있죠. 세탁을 기다리면서 서점에서 시간을 보내는 고객들도 많아요.

── 코인 세탁소는 초기 투자 비용이 클 텐데, 자금 회수는 어떻게 됐나요?

사토: 예상보다 수익이 두 배로 나왔어요. 전액 대출로 시작했

지만, 곧 상환이 끝날 예정입니다. 이제는 계속 수익을 창출할 수 있을 겁니다.

—— 이렇게 다양한 사업을 하면서도 서점이 가게의 중심에 있다는 느낌이 강하네요.

사토: 저는 서점의 미래를 믿어요. 하지만 더 넓은 시야를 가져야 합니다. 서점도 소매업의 한 부분이라는 점을 잊으면 안 돼요. 우리 경쟁자는 다른 업종에 있어요. 책 선택도 출판사나 도매상에게 맡기지 말고, 서점이 주도적으로 선택해야 합니다. 그 즐거움이 고객에게 전해질 거예요. 서점이 지역에서 계속 존재하는 것이 얼마나 중요한지 알기 때문에 새로운 도전을 하고 있는 겁니다.

—— 출판사에 하고 싶은 말이 있다면요?

사토: 일본의 출판 기술은 세계 최고 수준입니다. 국내에만 머물지 말고 해외 시장에도 도전해 보면 좋겠어요. 단순히 판권을 판매하는 것에 그치지 말고, 직접 번역해 해외에서 판매하는 모델을 구축할 수 있으면 좋겠습니다.•

• 　사토 씨의 위 토쵸점은 단순히 서점에 그치지 않고, 화장품, 미용실, 빵집, 코인 세탁소 등 다양한 사업을 병행하며 지역 사회와 밀접하게 연결된 비즈니스 모델을 운영하고 있습니다. 이러한 전략은 다양한 서비스를 통해 지역 주민들의 요구를 충족시키고, 서점 운영에 시너지 효과를 창출하는 방식입니다.

고지마의 해설

사토 씨는 궁극적으로는 자신이 출판사의 역할을 하겠다는 비전을 가지고 있습니다. 절판되어 잊힌 책들을 발굴해 출판사와 협력하여 다시 출간하고, 그 책들을 해외 EC 사이트에서 판매하는 계획을 이미 실행하고 있습니다. 구체적인 매출액은 생략하지만, 그는 이 방식으로 연간 수천만 엔의 수익을 올리고 있습니다. 이 글을 읽고 관심이 생긴 출판사들은 사토 씨와 직접 연락을 취해보길 권합니다. 분명 흥미로운 이야기를 들을 수 있을 겁니다.

사토 씨는 말합니다. "서점이 가진 책을 고르는 능력은 비즈니스의 핵심 자산이 됩니다."

사토 씨는 2024년 5월 10일, 히로시마현 쇼바라시에 새로운 서점 '호나비'를 개점할 예정입니다. 이 이름은 특유의 의미를 담고 있으며, 서점의 구체적인 모습이 점차 그려지고 있습니다. 개점을 위해 많은 자금이 필요하고 주변 환경이 어려운 상황이지만, 지역 주민들의 큰 기대와 지지를 받고 있습니다. 이 서점은 약 80평 규모로 다양한 서적을 중심으로 한 전략을 펼칠 예정입니다.

- 사토 씨는 2024년 5월 히로시마현 쇼바라시에 새로운 서점 '호나비'를 개점했습니다. 이 서점은 독특한 소규모 서점입니다. 이 서점은 지역 사회와의 교류를 중시하며, 책뿐만 아니라 다양한 문화 행사를 통해 주민들과 소통하고자 하는 철학을 가지고 운영되고 있습니다. 호나비 서점은 현대적인 디자인과 따뜻한 분위기를 자랑하며, 일반 서적 외에도 독립 출판물이나 지역 작가들의 작품을 다수 취급하고 있어 지역 문화에 대한 깊은 관심을 보입니다. 또한, 이 서점은 커뮤니티의 중심지 역할을 하며, 독서 모임, 저자 강연회, 워크숍 등의 활동을 정기적으로 개최해 지역 주민들이 함께 책을 즐기고 문화를 나눌 수 있는 장을 제공합니다. 소도시에 위치해 있지만, 이러한 활동을 통해 독서와 문화적 경험의 가치를 지역 사회에 알리는 중요한 역할을 하고 있습니다.

서점 설비와 OA 기기는 토한과 협력해 다른 지역에서 폐업한 서점의 물품을 활용하여 초기 비용을 절감할 계획입니다. 또한, 이 서점은 일본 최초로 잡지 배송일을 서점의 휴무일로 정하여 운영비를 줄이고, 영업시간을 유연하게 조정할 계획입니다.

또한, 인근 특색 있는 건물을 임대해 무인 비즈니스로 수익을 창출할 계획도 포함되어 있습니다. 사토 씨와 그의 동료들은 이 서점을 위해 전력을 다하고 있으며, 크라우드펀딩과 자원봉사자 모집도 고려하고 있습니다. 특히 지역 주민과 아이들을 서점 선반 정리 작업에 참여시키는 계획도 있습니다. 이 프로젝트에 대한 많은 독자의 응원이 필요합니다.

참고로, 제10화에 등장한 혼조 씨는 나고야에서 쇼바라시로 이주해 호나비의 직원으로 일하게 되었습니다.

"사토시, 사토 씨 이야기가 흥미롭지 않니? 그의 아버지 사토 요우 씨의 이야기도 참 재미있어."

"어떤 이야기인가요?"

"2013년에 2만 8,000엔짜리 《야나세 다카시 대전やなせたかし大全》이 발매될 당시에, 야나세 다카시의 작품을 주제로 한 판화 전시회를 기획하려는 시도가 있었어. 그런데 한 작품이 21만 엔이나 했기 때문에 주최 측이 주저했지. 하지만 사토 씨의 아버지 요우 씨는 끈질긴 협상 끝에 전시회를 열었어."

"끝까지 포기하지 않으셨군요."

"맞아. 그리고 얼마 지나지 않아 야나세 다카시 씨가 돌아가셨고, 그 전시회는 뜻하지 않게 추모 전시회가 되었지. 그 소식을 듣고 외부 손님들이 몰려와서 3일 동안 1,000만 엔 이상의 매출을 기록했어. 사토 씨도 그런 도전 정신을 아버지에게서 배운 것 같아."

"사토 씨 부자처럼 포기하지 않는 사람들이 있으니 서점의 미래도 밝아 보이네요."

"출판계가 배워야 할 점은, 사토 씨처럼 결코 포기하지 않고 새로운 비즈니스 기회를 찾아가는 열정이 아닐까 싶어."

제22화

책을 좋아하는 사람이
원하는 서점의 모습이란

❋

"난 책 애호가를 정말 많이 알고 있지만, 이 사람만큼 책을 사랑하는 사람은 본 적이 없어."

"어떤 사람인데요?"

"행동파인 '책 애호가Book Lover'야."

"어떤 사람이에요?"

"히로시마현 구레시 출신의 후지사카 코지라는 사람이야. 그는 특별한 경력을 가진 책 애호가야. 대학을 졸업하고 히로시마의 후타바 서점에 입사해 매출을 크게 올리는 성과를 냈지. 이후 마루젠에 입사해 후쿠오카 빌딩점과 교토 카와라마치점에서 근무하며 경력을 쌓았어. 그리고 놀랍게도, 후지사카 씨는 아동서 출판사 카이세이샤에서 영업부장으로 일하다가 60세에 퇴직했어. 그 후 도서관 유통 센터에 입사해 사서 자격을 취득했고, 지금은 나고야시의 모리야마 도서관과 시다미 도서관의 관장으로 일하고 있어. 정말 다재다능한 분이지.”

태블릿 전자 교과서가 아이들의
종이책 이탈을 가속화시킨다

나고야시 모리야마 도서관·시다미 도서관 관장 후지사카 코지藤坂康司

—— **지금의 서점들에 전하고 싶은 말씀이 있으신가요?**

후지사카: 서점 직원은 자신이 진정으로 팔고 싶은 책을 판매하고 싶어 합니다. 그런데 서점에서 책을 들여오는 기준이 책 자체의 매력보다는 출판사나 도매상이 제시하는 입고·반품 조건에 의해 결정되는 경우가 많아요. 서점들은 출판사의 베스트셀러를 우선적으로 배분받기 위해 책을 판매하고, 도매상의 반품 억제 정책에 맞춰 운영을 하고 있습니다. 결국, 일부 서점은 도매상에 종속되는 구조가 되어버린 것 같습니다. 이제는 소매업이 도매상의 요구에 따를 수밖에 없는 상황이 된 거죠.

—— **그렇군요. 토한과 닛판이 POS 데이터를 통해 전국의 판매 데이터를 제공하는 시스템이 있잖아요. 발주와 반품 작업이 더 편리해지고 비용 절감에도 도움이 되었지만, 후지사카 씨 말씀대로 그 시스템에 의존하다 보면 서점의 독창성을 잃을 수 있다는 경고로 들립니다.**

후지사카: 맞습니다. 이렇게 되면 서점들이 독창성과 주체성을 잃게 됩니다. 지금의 서점들은 책을 사랑하는 독자들에게 집중하지

않고, 오히려 서점과 독자 간의 거리가 점점 멀어지고 있어요. 출판계와 서점에서 일하는 사람들의 열정도 점점 사라져가는 것처럼 보입니다. •

── **출판계에 대한 날카로운 지적이군요. 후지사카 씨는 특히 학교 선생님들이 책을 사지 않는다는 점을 우려하셨죠. 그 부분에 대해 좀 더 설명해 주시겠어요?**

후지사카: 도서관에서 일하면서 이 문제를 깊이 실감하고 있습니다. 게다가, 앞으로 빠르게 보급될 태블릿 전자 교과서가 아이들의 종이책 이탈을 더욱 가속화할 것이라고 생각합니다. 동네 서점들이 점점 사라지는 상황에서, 아이들과 어른들이 책과 만날 기회가 줄어들고 있어요. 책을 사랑하는 사람들이 이제 어디로 가야 할지 모르겠어요.

고지마의 해설

후지사카 씨에게 이상적인 서점에 대해 묻자, 그는 눈을 반짝이며 이렇게 말했습니다. "한 번도 본 적 없는 책을 만나고, 점장과 자연스럽게 대화를

• 일본의 출판 유통 구조에서는 도매상(토한, 닛판 등)이 중요한 역할을 하며, 서점이 도매상의 반품 정책과 POS 데이터에 의존해 경영하는 경우가 많습니다. 이는 서점의 주체성 상실과 독창성 감소로 이어질 수 있다는 비판을 받고 있습니다. 반면, 한국 출판계는 대형 온라인 서점 중심의 유통 구조로 인해, 출판사와의 관계보다는 온라인 플랫폼의 영향력이 더 크며, 독립 서점들이 자율적으로 책을 큐레이팅하는 경우가 많습니다. 또한, 태블릿 전자 교과서의 보급에 따라 일본과 한국 모두에서 종이책의 역할이 줄어들고 있다는 우려가 존재합니다. 이는 어린이와 청소년이 책과 접촉할 기회를 감소시키는 문제로 이어질 수 있습니다.

나눌 수 있는 팬들이 생기는 서점, 그리고 고객들끼리도 SNS로 연결되는 서점이요. 대형 서점이 줄 수 없는, 약 50평 규모의 작은 서점으로, 점장의 세심한 손길이 구석구석 닿는 곳입니다. 슬리퍼를 신고도 편하게 들릴 수 있는, 지역 커뮤니티의 중심이 되는 머무는 장소 같은 서점이죠."

이런 서점의 모습은 마케팅 이론과도 부합하는 부분이 많았습니다. 가게와 고객 간의 쌍방향 소통(SNS 연결), 디지털과 인간적 접근의 조화(점장의 세심한 관리), 그리고 고객들이 전혀 예상치 못한 새로운 책을 만나는 경험(독창적인 책 큐레이션), 이와 더불어 오래 머물고 싶은 편안한 분위기(머무는 공간으로서의 서점) 등이 모두 포함된 개념이었습니다.

후지사카 씨는 마지막으로 "요즘은 젊고 열정적인 사람들이 운영하는 개성 넘치는 독립 서점들이 점점 늘어나고 있어요"라고 덧붙였습니다. 저는 서점 비즈니스에는 관심이 있었지만 독립 서점에는 큰 흥미가 없었는데, 인터뷰 이후 후지사카 씨가 독립 서점에 대한 다양한 데이터를 보내주었습니다. 그 자료들을 보며, 후지사카 씨가 현재 서점에 비판적이면서도 누구보다도 서점의 미래를 믿고 있다는 것을 깨닫게 되었습니다.

"사토시, 후지사카 씨 이야기는 어떻게 들었니?"

"정말 인상 깊었어요. 그의 경력도 대단하지만, 서점에 대한 통찰력과 미래를 보는 눈이 놀라웠어요."

"그렇지?"

"특히 후지사카 씨가 말한 이상적인 서점, 그 모습이 정말 매력적이었어요. 그걸 실현할 방법이 있을까요?"

"책을 진정으로 사랑하는 사람들을 위한 서점이야말로 앞으로 서점이 살아남을 수 있는 한 가지 해법일지 몰라. 그래서 후지사카 씨도 개성 있는 독립 서점들을 응원하는 거야."

"그런데 후지사카 씨가 관장으로 있는 도서관에 대해서도 좀 알려주실 수 있나요?"

"매주 주말마다 책과 관련된 이벤트가 열려. 이 책이 완성되면, 아마 후지사카 씨가 도서관 이벤트에 초대해 줄 거야."

"정말 기대돼요! 그런데 삼촌, 전국의 서점을 돌아다니셨으니, 독특한 음식점도 많이 아시겠죠? 서점 비즈니스에도 참고될 만한 가게를 하나만 추천해 주실 수 있을까요?"

"하나만으로는 부족하니, 두 군데를 알려줄게. 내가 태어난 하카타에 있는 가게와 지금 살고 있는 마쓰야마의 바BAR를 소개해 줄게. 하카타에 있는 가게는 '미소시루 덴味噌汁田'이야."

"라멘집이 아니고요?"

"라멘집은 어디에나 있잖아. 이 가게는 재즈 베이시스트 다구치 다카히로 씨와 그의 아들 슈 씨가 운영하는 곳이야. 메뉴는 다 훌륭하지만, 내가 추천하는 건 '아부리 시메사바炙りしめ鯖_고등어 초절임'야. 마지막으로 미소시루와 밥을 먹으며 마무리하는 게 이 가게의 매력이야."

"하카타에 가면 꼭 가봐야겠네요."

"마쓰야마에서는 '뮤직 BAR JOJO'라는 곳이 있어. 전설적인 바 '로구치'를 이어받을 만한 곳이지. 주인 쿠로카와 씨는 비틀즈를 좋아해서 이 바를 열었어."

"특별한 점이 있나요?"

"수만 곡의 레코드와 CD가 있어서 손님들이 원하는 곡을 바로 틀어줘. 특히 '파라곤' 스피커로 듣는 음악은 환상적이야. 단골들이 많아서 주인과 손님 간의 대화도 큰 매력이지."

"정말 멋진 가게네요."

"이 두 가게는 특색이 뚜렷해서 경쟁이 적은 블루 오션에서 성공한 거야. 서점도 마찬가지로 자신만의 색깔을 만들어야 해."

"서점에서도 그런 특화된 모델이 있나요?"

"그나마 있는 게 그림책 전문점* 정도야."

"더 많은 장르로 확대할 수 있을까요?"

"그럼, 예를 들어 그림책 전문점에서 읽어주기 행사 외에도 창의력을 키우는 프로그램을 운영할 수 있어. 비즈니스 서적 전문점에서는 저자와의 세미나, 요리책 전문점에서는 저자와 함께 요리하는 클래스도 열 수 있고."

"그런 시도를 다른 서점에서도 할 수 있을까요?"

"독자들에게 신뢰받는 서점이라면 어디서든 가능하지. 출판사도 협력할 거야."

● 특색 있는 서점이 경쟁력의 핵심이라는 논의는 한국과 일본 모두에서 중요한 과제로 떠오르고 있습니다. 특히, 그림책 전문 서점이나 문학 서적 전문점과 같은 특정 장르에 집중하는 서점들이 늘어나고 있지만, 사업적 성공을 이루기 위해서는 책만 판매하는 방식으로는 한계가 있을 수 있습니다. 후지사카 씨가 제안한 것처럼 이벤트나 체험 중심의 프로그램이 서점의 생존과 성공에 중요한 역할을 할 수 있습니다.

제23화

서점 매장 광고로
돈을 버는 방법을 알려드립니다

✳

"아이디어가 풍부하고 조금 독특한 출판계의 개혁자를 소개할게."

"삼촌이 그렇게 말할 정도면, 정말 독특한 사람이겠네요."

"맞아. 그의 철학만 봐도 얼마나 독특한지 알 수 있어. 침체된 출판계를 일으키기 위해 그가 제시하는 발상은 참신하고 강력해."

"어떤 사람이길래 그래요?"

"'표현의 자유로 세상을 해방시키겠다', '출판계를 3조 엔 규모의 산업으로 만들겠다'는 야심에 찬 목표를 가진 사람이야. 2022년 기준 일본의 출판 시장 규모는 약 1조 2,000억 엔 정도였어. 이런 대담한 비전을 꾸준히 펼치는 사람이 바로 쓰시마 에이 씨야. 그는 중견 출판사에서 오랫동안 편집과 영업을 경험한 후 독립해, 작은 비즈니스서적 출판사인 플로라루 출판을 운영하고 있어. 또 후타바 서점 하치조구치점 같은 작은 서점의 운영도 맡고 있지."

"정말 특별한 사람이네요!"

"그렇지. 쓰시마 씨는 변화하는 출판 환경 속에서 큰 그림을 그리고, 새로운 방식으로 출판을 활성화하려는 혁신적인 사람이지."

서점의 매장에는 보물산이 묻혀 있다

일본경영센터 대표이사 쓰시마 에이津嶋栄

—— 쓰시마 씨의 출판 비즈니스 접근 방식이 정말 참신한데, 그 발상에 대해 좀 더 설명해 주시겠어요?

쓰시마: 대부분의 업종에서는 제품을 만드는 주체가 회사 직원인 경우가 많죠. 하지만 출판사는 조금 다릅니다. 저자가 외부인이기 때문이죠. 그래서 출판사가 어려운 상황에서도 앞으로 필요한 것은, 저자를 통해 콘텐츠의 가치를 높이는 기술이라고 생각합니다.

—— 책이 덜 팔리게 되면, 저자도 인세만으로 생계를 유지하기 어려워지겠군요. 서점뿐만 아니라 저자의 집필 활동에도 문제가 생길 텐데, 이 문제를 어떻게 해결할 수 있을까요?

쓰시마: 출판사는 시간과 돈을 들여 저자가 쓴 원고를 책으로 만듭니다. 하지만 그 관계가 출판으로 끝나는 경우가 많죠. 앞으로는 출판사가 저자를 '프로듀싱'하는 형태가 필요합니다. 예를 들어, 인기 작가나 비즈니스 서적 저자를 유료 강연회나 워크숍의 강사로 초청하거나, 유료 온라인 커뮤니티를 운영하는 방식입니다. 이

렇게 저자와 출판사의 관계를 단순한 거래에서 비즈니스 파트너로 재구성하는 것이 중요해질 겁니다.

—— **이 비즈니스에서 성공의 핵심 요소는 무엇인가요?**

쓰시마: 이 비즈니스는 종이책이기 때문에 가능한 부분이 있습니다. 종이책은 전자책과는 달리, 특정한 권위성을 지니고 있습니다. 이러한 권위성이 저자와 출판사를 더 돋보이게 하죠.

—— **출판사가 도전할 수 있는 또 다른 비즈니스는 무엇일까요?**

쓰시마: 해외 시장이 유망하다고 생각해요. 지금까지는 판권 거래로 끝나는 경우가 많았지만, 이제는 일본 출판사가 높은 품질을 무기로 삼아 AI 번역을 활용해 직접 출간하고, 인터넷을 통해 전 세계적으로 직접 판매할 수 있을 거라 생각합니다.•

—— **서점의 위탁 운영을 맡고 계신데, 서점이 가진 가능성에 대해 어떻게 생각하시나요?**

쓰시마: 서점은 지역 사회에서 사람들이 모이기 쉬운 장소이자, 신뢰를 받는 곳이에요. 역사와 가격, 품질에 대한 신뢰도도 상당히 높고요. 실제로 저는 교토의 후타바 서점 하치조구치점에서

• 　쓰시마 씨가 언급한 저자의 프로듀싱은 일본 출판계에서 점점 더 중요해지는 트렌드로, 출판사가 저자와 함께 부가적인 비즈니스를 만들어가는 방식입니다. 일본과 달리, 한국의 출판사들은 아직 저자 프로듀싱을 적극적으로 시도하지는 않지만, 점차 저자와 출판사의 파트너십을 강화하는 사례들이 늘어나고 있습니다.

디지털 사이니지 광고* 수익 모델을 도입해, 그 가능성을 보고 있습니다.

─── **사이니지 광고는 대형 서점에서도 시도되고 있는데, 어떤 가능성을 보고 계신가요?**

쓰시마: 출판사에만 한정하지 않고, 지역 기업이나 대기업까지 광고주를 확대하고 있습니다. 광고주가 판매하는 상품을 서점에서 직접 판매하거나, 서점 공간을 임대하는 방식도 활용할 수 있어요.

─── **서점 앞 광고가 수익성 있는 비즈니스가 될 수 있다는 말씀인가요?**

쓰시마: 그렇습니다. 저는 광고 에이전트로서 광고주에게 월 수만 엔의 광고비를 받고, 최대 100개의 광고주를 모을 수 있다고 봅니다. 서점에 디스플레이 1대를 설치하고, 서점에는 월 수만 엔의 설치료를 지급하는 방식이죠. 설치 비용은 에이전트가 부담하기 때문에, 서점은 초기 비용을 들이지 않고 수익을 창출할 수 있습니다.

─── **서점의 높은 집객력을 활용한 비즈니스네요. 사이니지 광고의 효과를 실감한 사례가 있나요?**

- 디지털 사이니지 광고는 일본의 일부 서점에서 서점의 집객력을 활용한 새로운 수익 모델로 자리 잡고 있습니다. 특히, 서점이 단순히 책만을 판매하는 공간이 아니라 광고나 공간 임대를 통해 수익을 창출할 수 있다는 점은 한국 서점에도 적용 가능한 중요한 전략입니다. 서점이 지역 커뮤니티에서 신뢰를 받는 공간으로서 광고 수익 모델을 확장할 가능성은 한국에서도 주목할 만한 비즈니스 기회로 볼 수 있습니다.

쓰시마: 대표적인 사례로 구인 광고가 있습니다. SNS나 포스터로 아르바이트생을 모집했을 때는 지원자가 적었는데, 사이니지 광고를 통해 구인 광고를 내자 일주일 만에 12명의 지원자가 몰려왔습니다.

—— **정말 놀랍군요. 물품 판매 공간 임대에 대해서도 좀 더 이야기해 주시겠어요?**

쓰시마: 물품 판매를 위한 공간 임대는 위치에 따라 다르지만, 한 테이블당 수만 엔에서 최대 10만 엔까지 받을 수 있어요. 판매된 물품의 10%는 서점이 수수료로 받고요. 서점이 이 모델을 단순히 기다리기만 할 게 아니라, 적극적으로 광고를 유치하고 에이전트 역할을 하면 더 큰 수익을 기대할 수 있습니다. 서점은 자신의 잠재력을 다시 깨닫고 행동에 나선다면, 더 밝은 미래를 만들어 나갈 수 있을 겁니다.

고지마의 해설

사이니지 광고에 관심 있는 분들은 쓰시마 씨에게 직접 연락해 보십시오. 출판계에 새로운 변화가 일어날지도 모릅니다.

출판 유통에 대한 의견을 물어보니, 쓰시마 씨는 "출판되는 책이 너무 많다"라고 말했습니다. 출판계 매출이 최고였던 1996년에는 6만 3,014종의 책이 출간됐지만, 매출이 절반으로 줄어든 2022년에도 여전히 6만 6,885종이 출판되고 있습니다. 쓰시마 씨는 신간 위탁 출판의 양을 줄여야 한다는 의견을 제시했습니다.

그의 해결책은 다음과 같습니다.

"초기 배포는 일부 대형 서점과 토한, 닛판의 직영점 등 몇몇 제한된 매장에서 테스트 판매*를 합니다. 일정 기간 동안 판매 실적이 좋지 않으면, 위탁 배포는 하지 않고 주문을 통해서만 판매합니다. 반대로 판매 성과가 좋으면, 위탁으로 서점에 배포할 수 있습니다."

다만, 출판사가 테스트 매장에서 자사 책을 대량 구매해 실적을 조작할 가능성이 있기 때문에, 테스트 매장의 이름은 비공개로 해야 할 필요가 있습니다. 그럼에도 불구하고 '서적의 테스트 마케팅'은 충분히 시도해 볼 만한 전략입니다.

쓰시마 씨는 출판사 운영에 대해서도 제언합니다.

"출판사의 편집자들은 출간한 책의 수가 아니라, 판매 부수나 판매 금액으로 평가받아야 합니다. 영업 담당자도 서점 주문 수가 아니라 POS 판매 수를 기준으로 평가하는 것이 좋습니다. 그렇게 하면 불필요한 신간 출판이 줄어들고, 강매도 사라질 겁니다. 출판 불황을 극복하려면 서점뿐 아니라 출판사의 편집과 영업 방식도 변해야 한다고 생각합니다."

한 유명 비즈니스 서적 출판사는 편집자들에게 판매 금액 목표를 부

- 쓰시마 씨의 제안은 출판계의 지속 가능한 발전을 위한 중요한 아이디어로, 테스트 마케팅을 통해 신간 출판의 효율성을 높이고 불필요한 책의 과잉 출판을 줄이자는 취지입니다. 이는 일본 출판계에서 주목받고 있는 새로운 접근 방식입니다. 한국 출판계에서도 비슷한 문제들이 제기되고 있으며, 신간의 선택적 배포와 판매 성과 평가를 도입하는 방식은 출판사와 서점 모두의 운영 효율성을 높일 수 있는 좋은 방안이 될 수 있습니다.

여한 후, 질을 우선시하게 되었습니다. 그 결과 출판 종수는 줄었지만, 롱셀러가 늘어나면서 매출이 크게 증가했고, 실적도 급격히 회복됐습니다. 이 방법이 모든 경우에 통하는 건 아니지만, 출판계 전반에 확산될 가능성은 충분하다고 봅니다.

"사토시, 쓰시마 씨 이야기는 어떻게 들었니?"

"굉장히 흥미롭네요. 구태의연한 출판계가 오히려 성장 가능성이 큰 분야일지도 모르겠어요. 그런데 서점의 매장 광고는 어떤 가치와 가능성이 있을까요?"

"일본 전국의 서점에 한 달에 몇 명이나 방문한다고 생각하니?"

"짐작도 안 가요."

"전국 서점을 대략적으로 계산해 보면, 매달 5,000만 명 이상이 서점을 찾아서 책을 사."

"그렇게 많아요? 그 숫자의 근거는 뭔가요?"

"삼촌이 경영하던 아케야 서점에서 한 달 동안 계산대를 통과한 고객 수가 약 60만 명이었어. 아케야 서점의 시장 점유율이 1.2% 정도니까, 이 수치가 나오는 거지. 출판계의 연간 매출액을 기준으로 고객당 평균 구매 금액을 역산해 봐도 비슷한 숫자가 나와. 그리고 이건 구매한 사람들만 대상으로 한 거고, 구경만 한 사람들까지 포함하면 매달 1억 명이 서점을 방문한다고 봐도 무리가 없어."

"정말 대단한 숫자네요!"

"게다가 서점을 찾는 사람들은 어느 정도 지적 호기심이 있는 소비자들이야. 또, 서점에서는 머무는 시간도 편의점이나 다른 소매점에 비해 훨씬 길기 때문에, 서점은 광고 비즈니스로서의 가치가 매우 크지."

"그런데 아직 본격적으로 시작한 사람은 없잖아요."

"이제는 실행의 문제야. 서점들은 누군가 대신해주길 기다리기보다는, 스스로 도전해야 해. 그게 서점이 살아남는 유일한 길이지."●

● 서점 매장 광고의 가능성은 일본뿐만 아니라 한국에서도 논의해 볼 만한 주제입니다. 일본 서점의 월간 방문자 수가 5,000만 명에 이른다는 추산은, 서점이 단순한 책 판매 공간을 넘어 광고 플랫폼으로서의 가능성을 가진다는 것을 보여줍니다. 한국 서점들도 서점의 높은 체류 시간과 고객의 지적 수준을 활용한 광고 비즈니스를 본격적으로 시도할 경우, 새로운 수익 모델을 창출할 수 있을 것입니다.

제24화

기분 전환을 위한 공간으로서의 서점

❉

"사토시, 서점의 현황에 대해 작가들은 어떻게 생각하는지도 궁금하지 않니?"

"네, 꼭 듣고 싶어요."

"이번 24화에서는 작가이자 인기 카피라이터인 가와카미 테츠야 씨의 이야기를 들어볼까 해. 다음 25화에서는 나오키상 수상 작가인 이마무라 쇼고 씨의 이야기를 다룰 거야."

"작가들이 출판 유통이나 서점의 현실을 잘 알고 있을까요?"

"책을 좋아하는 작가들은 많지만, 서점을 위해 구체적으로 활동하는 작가는 이 책에서 소개하는 두 명이 아주 특별한 사람들이야. 동쪽에 가와카미 테츠야 씨, 서쪽에 이마무라 쇼고 씨라고 할 수 있지."

"와, 그렇군요."

"가와카미 테츠야 씨는 저서 50권, 해외 번역 26권(2024년

3월 기준)을 기록하고 있어. 오사카대학 인간과학부를 졸업했고, '이야기의 힘'을 마케팅에 접목한 '스토리 브랜딩'이라는 독창적인 방법론을 개발한 선구자로도 잘 알려져 있지. 그는 다양한 기업과 단체의 브랜딩을 지원하고, 광고와 홍보 자문 역할도 하고 있어. 요즘은 기업이나 단체, 지역이 본래 가지고 있는 가치를 어떻게 드러내고 빛나게 할 수 있는지 강연, 집필, 자문을 통해 조언하고 있지."

"삼촌이 좋아하는 가와카미 씨의 카피는 '3위로는 안 돼요'*라는 문구야. 오사카대학 광고에서 나온 건데, 유머가 넘쳐서 정말 탁월하다고 생각해. 또 '칸칸도리츠関関同立'라는 관서 지방의 유명 대학들을 지칭하는 용어도 가와카미 씨가 예전에 수험 잡지에서 조사해서 만든 거야. 그의 활동 범위는 아주 넓어. 삼촌이 사장이었던 아케야 서점의 이념 문구인 '서점의 힘으로 도시를 밝게 만듭니다'라는 것도 가와카미 씨가 선물해 준 거야."

---

* 가와카미 테츠야 씨의 광고 카피 '3위로는 안 돼요'는 오사카대학의 입시 광고에서 사용된 유명한 문구입니다. 이 카피는 단순하면서도 강렬한 메시지를 전달하는데, 그 안에는 경쟁에서 1위, 2위가 아닌 3위로는 만족할 수 없다는 의미가 담겨 있습니다. 이 문구는 학문적 성취나 목표 달성에 있어 최고의 위치를 지향하는 정신을 유머러스하면서도 직설적으로 표현한 것으로, 특히 대학 입시라는 맥락에서 "최고를 목표로 하라"는 도전 정신을 강조하고 있습니다. 오사카대학이 일본에서 명문 대학 중 하나로 자리 잡고 있음을 홍보하는 동시에, 입시생들에게 자극을 주는 상징적 표현으로도 볼 수 있습니다. 일설로는 오사카대학이 일본의 우수대학 순위에서 도쿄대, 교토대, 다음으로 3위로 인식되고 있는 점을 빗대어 유머러스하게 표현한 점이 사람들에게 와 닿았다는 설도 있습니다.

유일무이한 서점이 되는 스토리 브랜딩

작가·카피라이터 가와카미 데쓰야川上徹也

── 가와카미 씨는 인쇄 공장부터 도매상의 입고 수 결정 과정까지 깊이 이해하는 드문 작가이신데요. 각 지역의 개성 있는 서점들과도 활발히 교류하고 계시죠. 행동 경제학의 관점에서 서점의 매력을 새롭게 재구성할 수 있는 힌트가 있을까요?

가와카미: 사람들이 물건을 살 때 이성적 소비와 감정적 소비로 나눌 수 있습니다. 일상적인 구매는 주로 가성비를 따지는 이성적 소비가 많죠. 반면, 여행지에서 기념품을 사거나 좋아하는 아티스트의 굿즈를 구매할 때는 감정적 소비를 하게 됩니다. 예전에는 서점에 가면 새로운 정보를 발견하면서 설레곤 했어요. 서점은 그런 감정적 소비의 공간이었죠. 그런데 지금은 많은 사람에게 서점이 더 이상 그런 설렘을 주지 못하고 있습니다.

── 그렇다면 서점이 앞으로 나아가야 할 방향은 무엇일까요?

가와카미: 저는 서점이 다시 '가기만 해도 설레는 장소'가 되기를 바랍니다. 예전에는 책이 많기만 해도 설렜지만, 지금은 그걸로는 부족해요. 요즘 고객들은 '인스타그램에 어울리는 공간', '주인의 개성', '특별한 이벤트', '독특한 응대', '우연한 만남이 가능한 공간', '직원의 열정이 담긴 POP' 같은 다양한 요소에 반응합니다. 서점마다 고유한 스토리를 만들어 나가면, 그 자체로 유일무이한 공간이

될 수 있습니다. 스토리 브랜딩*이 꼭 필요하다고 생각해요.

—— 그런 스토리 브랜딩을 실현하려면 어떤 과제를 해결해야 할까요?

가와카미: 물론 각 서점이 자체적으로 노력하는 게 중요하지만, 현실적으로는 쉽지 않죠. 저는 도매상이 이 역할을 맡아야 한다고 봅니다. 현재 도매상은 서점의 디렉터 역할을 하고 있는데, 앞으로는 서점의 프로듀서가 되어 서점을 다시 '가고 싶은 장소'로 만들 수 있기를 바랍니다.

고지마의 해설

가와카미 씨와의 인연은 내가 아케야 서점 경영 재건에 몰두하던 시기에 시작되었습니다. 그의 저서 《팔지 마라 팔리게 하라!》를 읽고 깊은 감명을 받았고, 한 번도 만나 본 적 없는 그에게 "시코쿠에 와서 점장 교육을 부탁드릴 수 있을까요?"라고 연락했습니다. 그는 흔쾌히 수락해 주었고, 이 이야기는 그의 책 《잘 팔리는 한 줄 카피》 끝부분에도 기록되어 있습니다. 정말 감사한 일이죠. 이후에도 가와카미 씨는 여러 지역에서 출판계를 대상으로 강연과 교육을 이어가고 있습니다. 제 저서 《서점을 살려라!》에서도 후기에 해설을 써 주셨는데, 그 덕분에 인생에서 만나는 인연의 신비함을

---

*   스토리 브랜딩이란 서점이 단순히 책을 판매하는 공간이 아닌, 고유한 이야기와 경험을 제공하는 공간으로 변화하는 전략입니다. 일본에서는 TSUTAYA 서점이 이 전략으로 성공했으며, 독특한 인테리어와 라이프스타일을 결합한 공간으로 주목받고 있습니다.

실감하게 되었습니다.

가와카미 씨의 또 다른 저서 《오늘도 고바야시 서점에 갑니다》는 효고현 아마가사키시에 있는 고바야시 서점을 모델로 한 논픽션 겸 소설입니다. 같은 시기에 고바야시 서점을 배경으로 제작된 다큐멘터리 영화 〈마을의 서점〉도 큰 화제가 되었습니다. 가와카미 씨의 교육을 받은 아케야 서점의 점장들은 크게 성장해 서점의 매출 회복에 큰 기여를 했습니다. 그는 조용히 세상을 변화시키는 힘을 지닌 사람입니다. 그의 아이디어와 철학이 서점 현장에서 실현되어, 서점들이 새로운 희망을 찾길 바랍니다.

"사토시, 내 생각에는 가와카미 씨의 이야기가 소피아 대학 교수이자 토한의 사외이사인 시바노 쿄코 씨가 말한 '구매 공간' 개념과 통하는 부분이 있는 것 같아."

"그게 뭔데요?"

"간단히 말해 '구매 공간'이란, 서점이 단순한 판매 장소가 아니라 그곳에 가기만 해도 즐거워지고, 누구나 책을 가볍게 읽을 수 있는 공간이라는 거야. 서점은 책이 지켜온 다양성을 이어가야 할 '미디어' 역할을 해야 하다는 주장이지."

"음...?"

"서점이 단순히 책을 사고파는 공간이 아니라 하나의 '미디어'라는 말이 어색하게 들릴지도 모르겠지만, 내게는 서점의 존재 의의를 생각할 때 중요한 힌트가 돼. 가와카미 씨와 시바노 씨는 각각의 방식으로 새로운 서점의 모습을 보여주고 있는 것 같다는 생각이 들어."

제25화

'나오키상 작가' 이마무라 쇼고가 바라본 미래

❋

"다음은, 나오키상 작가이자 서점을 운영하고 있는 이마무라 쇼고今村翔吾 씨의 이야기야."

"작가인데 서점을 운영하다니, 정말 드문 경우네."

"맞아. 게다가 이마무라 씨는 다양한 매체에서도 활발하게 여러 이야기를 전하고 있는 분이라, 정말 귀한 이야기를 들을 수 있었어."

이마무라 쇼고 씨는 정말 특별한 인물입니다. 작가가 서점을 운영하는 것만으로도 주목받을 만한 일이지만, 이는 이마무라 씨의 광범위한 활동 중 일부에 불과하죠. 솔직히 저는 처음에 이마무라 씨가 유명 작가의 '명성'을 활용해 서점을 시작했을 거라고 생각했어요. 그래서 경영에서 어려움을 겪고 있을 거라고 예상했죠.

그런데 이마무라 씨는 2021년 11월, 나오키상 수상 직전 오사카부 미노시의 역 앞 상점가에 있는 작은 서점, 기노시타 북센터를 인수했습니다. 나오키상 수상 후 여러 매체에 소개되며 화제가 되기도 했습니다. 저는 여기서 멈출 줄 알았는데, 2023년 12월에는 사가에 대한 감사의 마음으로 JR 사가역 내에 사가노 서점을 개업했어요. 더 놀라운 것은, 기노시타 북센터와 사가노 서점 모두 이익을 내고 있다는 점입니다.

이마무라 씨의 이야기를 듣고 가장 놀랐던 것은 그가 서점의 B/S대차대조표, P/L손익계산서, 그리고 현금흐름표를 매달 꼼꼼히 확인하며 손익분기점을 철저히 관리하고, 임대료 협상과 비용 관리까지 세심하게 신경 쓴다는 것이었습니다. 특히 서점 경영에서 중요한 지표인 매출 대비 인건비 비율을 언급했을 때, 그의 깊이 있는 경영 인식에 다시 한번 놀랐습니다. 신생 서점 경영자 중 이 정도 수준의 경영을 하는 사람은 정말 드물거든요.

또한, 그는 도서관 문제를 이야기하면서 TRC도서관 유통센터의 역할까지도 깊이 이해하고 있었습니다. 이렇게 출판의 시작점에 서 있는 작가이면서 동시에 출판의 최종점에 서 있는 서점 경영자로서, 출판계를 종합적으로 이해하고 있는 작가는 정말 드물다고 생각합니다.

내가 표방하는 인물은 기쿠치 간입니다

나오키상 수상 작가 이마무라 쇼고 今村翔吾

—— 작가이시기도 하고 직접 서점을 운영하고 계셔서 출판계의 현실에

대해 누구보다도 잘 알고 계실 거라 생각합니다. 이마무리 씨가 생각하시는 출판사와 서점에 대한 의견을 부탁드립니다.

이마무라: 출판사와 서점을 하나의 카테고리로 단순화하는 것은 문제가 있다고 생각합니다. 대형 출판사와 중소형 출판사의 수익 구조는 너무 다르고, 서점도 대형 서점과 지역 서점 간의 자본력 차이가 커서 각각의 과제가 다릅니다. 해결 방법도 당연히 달라야 하죠. 서점에서 다뤄야 할 책 외에 다른 상품을 고려하는 것도 중요합니다. 예를 들어, 가챠가챠나 트레이딩 카드 같은 상품은 매출을 올릴 수 있을지 모르지만, 너무 쉽게 도입하면 과거 렌탈 비즈니스 도입 실패를 반복할 수 있습니다.

—— **그렇군요.**

이마무라: 출판사가 너무 많은 작가를 동시에 다루면서, 작품이 대량 생산되고 있지는 않은지 우려됩니다. 대형 출판사의 경우, 편집자 한 명이 50명에 가까운 작가를 담당한다고 들었는데, 이는 작가를 키우기보다는 단기적으로 소비하는 것과 같습니다. 이런 방식으로는 양질의 작가가 성장하기 어렵죠.

—— **인기 작가가 적고, 신간이 과도하게 많다는 문제도 언급하셨습니다.**

이마무라: 출판사와 작가의 관계를 좀 더 구조적으로 바꿀 필요가 있다고 생각합니다. 출판사와 작가가 1년 혹은 그 이상의 전속 계약을 맺고, 그 기간 동안 출판사는 고정된 보수를 지급하는 방식

으로 운영할 수 있습니다. 책이 잘 팔리면 인세율은 낮아지겠지만, 안정된 수입을 보장받는 겁니다. 이렇게 하면 편집자는 작가를 더 진지하게 키우려 하고, 작가도 작품에 몰입할 수 있죠. 성과가 없으면 계약이 갱신되지 않을 위험 속에서 작가는 더 노력하게 될 것이고, 반대로 성과를 내는 작가는 더 좋은 조건으로 이적할 수 있겠죠. 이렇게 하면 작가들은 자존심을 지키면서 안정된 수입을 얻을 수 있을 겁니다.

—— **작가와 출판사를 고정화하는 구조는 만화 분야에서는 어느 정도 존재하지만, 문학 서적이나 비즈니스 서적에서는 거의 보이지 않습니다. 작가와 출판사 간의 전속 계약을 통해 강력한 관계를 재구축하는 것은, 양질의 작품을 계속해서 만들어 나가는 데 필요한 새로운 방법처럼 보입니다.**

이마무라: 몇 년간 신간을 내지 않고도 '작가'라고 불릴 수 있을까요? 프로라면 출판사로부터 꾸준히 의뢰를 받아 새로운 책을 내는 '레귤러' 자리를 유지해야 한다고 생각합니다. 출판사는 양질의 책에 걸맞은 가격을 책정하고, 가격을 점진적으로 인상해 나가야 합니다. 또한, 그 작가는 출판사뿐만 아니라 도매상이나 서점에서도 '수익을 낼 수 있는 작가'로 인식되어야 하죠. 이런 작가를 출판계 전체가 함께 육성하는 구조가 필요합니다. 현재 출판되는 신간의 숫자가 지나치게 많아 출판계 전체가 피폐해지고 있어요. 이 상황을 개선하고 재생하기 위해서는 일시적으로 출판 규모를 축소하

는 것도 필요할지 모릅니다.•

고지마의 해설

출판계의 여러 모임에서 활발히 발언하는 이마무라 쇼고 씨의 이야기를 직접 듣고 싶어서 그와 일면식도 없는 상태에서 그의 홈페이지를 통해 인터뷰 요청을 했습니다. 다행히 약속을 잡을 수 있었고, 연말에 이 책의 마지막 인터뷰로 그의 이야기를 들을 수 있었습니다. 정말 흥미진진했던 한시간이었죠. 특히 이마무라 씨가 언급한 '작가를 위한 사무소'를 만들고 싶다는 내용에 크게 공감했습니다. 이는 출판계의 금전적 무질서를 지적하는 중요한 이야기였습니다.

"작가들이 서점이나 도서관에 초청을 받지만, 사전에 얼마를 받을지 모른 채 갔다가 교통비조차 안 되는 금액을 받는 경우가 많습니다. 많은 작가가 '창작자는 돈 이야기를 하기 어렵다'고 말하지만, 실제로는 금전적으로 불만이 많습니다."

출판계와 독자들 사이에 '문학과 문화는 무료'••라는 인식이 자리 잡

• 2020년대에 들어서도 일본 출판업계에서는 매년 약 70,000종 이상의 신간이 출간되고 있습니다. 이는 1990년대 중반 이후 꾸준히 증가한 수치로, 시장의 포화 상태를 초래하고 있습니다. 신간 출간이 과도하게 많아지면서, 일부 양질의 작품이 시장에서 충분히 주목받지 못하는 현상이 심화되고 있습니다. 이마무라 씨의 출판 규모 축소 제안은 출판업계의 지속 가능성을 높이기 위한 해결책 중 하나로 여겨집니다.

•• 일본 출판계에서는 작가나 문화인이 대가를 요구하기 어려운 분위기가 있습니다. 특히, 문학과 같은 순수 예술 분야에서는 돈을 논의하는 것이 금기시되는 경향이 강합니다. 이 때문에 작가들은 서점 이벤트나 강연에서 충분한 대가를 받지 못하는 경우가 많습니다. 이는 단순한 출판계의 문제가 아니라, 일본 사회 전반에 뿌리 깊은 문화적 태도와 연결되

고 있는 것이 문제입니다. 이를 해결하기 위해 이마무라 씨가 제안한 방안은, 작가를 대신해 정당한 비즈니스 협상을 진행할 '작가 엔터테인먼트 사무소●'를 설립하는 것입니다. 이 의견에 저도 전적으로 동의했습니다. 작가 자신을 콘텐츠로 삼는 것은 출판계에서 남아 있는 마지막 수익원이기 때문입니다.

음악계에서 70대 아티스트들이 새 앨범을 발표하고 전국 투어를 하듯, 출판계에서도 신작이 나오면 저자가 전국 서점을 방문해 비즈니스를 해야 합니다. 예를 들어, 무라카미 하루키 씨가 신작을 발표하고 강연회를 연다면, 신작 책과 함께 입장료 5,000엔을 지급할 사람만 해도 최소 3,000명은 모일 것입니다. 이로써 매출은 1,500만 엔에 달하겠죠. 실제로는 훨씬 더 많은 사람이 모일 겁니다. 저는 서점이 이런 이벤트 프로모션을 맡는다면, 서점의 새로운 수익원이 될 것이라고 생각합니다. 언젠가 이마무라 작가 엔터테인먼트 사무소와 협력하면 정말 재미있을 것 같습니다.

이벤트 프로모션을 맡는 서점에 대한 자세한 내용은 제2부 요약(128~132페이지)을 참조해 주세요. 어쨌든, 작가가 인세 외에도 수익을 올릴 수 있는 방안을 마련하는 것은 필수적입니다. 서점뿐만 아니라 작가도 힘든 상황입니다. 출판계는 책의 출발점인 작가와 끝점인 서점이 모두

어 있습니다.

● 이마무라 씨가 제안한 '작가를 위한 엔터테인먼트 사무소'는, 작가가 단순한 글쓰기 외에도 다양한 형태로 수익을 창출할 수 있도록 비즈니스를 돕는 기구를 말합니다. 이는 일본의 전통적인 출판 계약을 넘어서, 작가들이 자신의 콘텐츠로 더 많은 수익을 얻을 수 있는 플랫폼을 만들려는 시도로 볼 수 있습니다. 예를 들어, 미국에서는 이미 저명한 작가들이 출판 외에도 강연, TV 출연, 팟캐스트 등 다양한 경로로 수익을 창출하고 있으며, 이마무라 씨는 이를 일본에 적용하려고 하는 것입니다.

위기에 처해 있습니다.

인터뷰의 마지막에 이마무라 씨는 이렇게 말했습니다.

"이마무라가 있었기에 출판계의 미래가 바뀌었다고 불리고 싶습니다. 제가 표방하는 인물은 기쿠치 간*입니다."

이마무라 씨의 행동을 해석하는 열쇠는 이 말에 집약되어 있는지도 모릅니다. 우리는 앞으로도 '비즈니스로서의 작가직'을 경영하는 이마무라 쇼고 씨의 행보를 주목해야 합니다.

"사토시, 이마무라 씨의 이야기는 어떻게 들었니?"

"삼촌, 혹시 내가 삼촌이랑 이마무라 씨가 의기투합했다고 생각하는 거 아닌가요?"

"뭐, 그런 것도 있지."

"삼촌이 이마무라 씨보다 나이가 많지만, 솔직히 이마무라 씨가 훨씬 더 강력한 비즈니스맨이라고 생각해요."

"좀 뼈 때리는 말이군."

"삼촌은 컨설턴트지만, 직접 업무를 하지는 않잖아요. 반면 이마무라 씨는 서점의 어려움을 알면서도 직접 서점을 시작했고, 게다가 동료 작가들을 위해서도 발 벗고 나서고 있잖아요."

* 기쿠치 간(菊池寬, 1888~1948)은 일본 근대 문학의 거장으로, 현대 일본 출판계의 중요한 기반을 마련한 인물입니다. 그가 창간한 잡지 《문예춘추》는 여전히 일본 문학계에서 중요한 역할을 하고 있으며, 그의 이름을 딴 기쿠치 간상은 일본의 대표적인 문학상 중 하나입니다. 이마무라 씨가 기쿠치 간을 언급한 것은, 그 역시 출판계의 흐름을 바꾸는 인물이 되고 싶다는 포부를 나타낸 것입니다.

"그건 맞는 말이네."

"출판계, 특히 서점이 지금 남은 시간이 많지 않아요. 말뿐인 사람들은 변화를 일으킬 수 없죠. 이마무라 씨처럼 직접 행동하는 사람만이 이 출판계를 진짜로 변화시킬 수 있을 거예요."

제26화

출판업계의 마케팅 3.0

❋

"여기서부터는 출판사 사람들의 이야기를 해볼게."

"어떤 사람들이 이야기를 들려주나요?"

"출판사에서 중요한 위치에 있는 분들이 서점에 대해 여러 가지 제언을 해주실 거야. 먼저, 포플러사의 치바 히토시 회장님의 이야기를 들어보도록 하자."

"서점 사람들에게도 도매상 사람들에게도 의미 있는 이야기가 될 것 같네요."

《쾌걸 조로리》,《엉뚱한 삼총사ズッコケ三人組》등 연속 히트작을 배출한 아동 도서 출판사 포플러사의 치바 히토시 회장은 독특한 경력을 가지고 있습니다. 도쿄대를 졸업한 후 생명보험회사에 입사했으며, 이후 싱크탱크와 노무라종합연구소, 노무라증권에서 근무한 후 독립해 컨설턴트로 활동하다가 포플러사의 CFO재무 책임자)로

입사하게 되었습니다. 출판사에서 재무 책임자를 지낸 경력이 매우 독특한데, 그 후 포플러사의 사장, 그리고 회장까지 올랐습니다.

특히 주목할 점은 치바 회장이 2023년 가을에 열린 도호쿠 토한회에서 서점의 이익률 개선을 공개적으로 언급했다는 것입니다. 출판계에서 서점의 이익률을 논의하는 것은 민감한 주제라, 공식 석상에서 이런 이야기를 꺼낸 건 큰 용기가 필요했을 겁니다.

출판사, 도매상, 서점뿐만 아니라
작가, 독자, 물류까지의 연계를

포플러사 이사회 회장 치바 히토시千葉均

—— 출판계의 위기에 대해 어떻게 생각하고 계신가요?

치바: 출판계는 일반적인 경제적 합리성이 잘 발휘되지 않는 곳입니다. 시장 자체는 크지 않지만, 출판사, 도매상, 서점 등 주요 플레이어들이 서로 협력하지 못하고 있죠. 서점 경영이 매우 어려운 상황이지만, 중견 출판사들 역시 지속 가능한 경영을 유지하기가 어려운 상태입니다. 서점은 출판사에도 중요한 판매 거점이기 때문에, 서점의 존폐는 출판사의 생사와도 연결됩니다. 재판매가격유지제도재판제도로 인해 출판사가 가격 결정권을 가지고 있는 만큼, 출판사들은 출판계 전체가 이익을 낼 수 있는 책 가격을 설정해야 합니다. 그러나 우리는 책 구매가 더 이상 소비자에게 당연한 행동이 아니라는 사실을 인식해야 합니다. 기존의 거래 조건을 재검

토할 필요가 있습니다. 예를 들어, 출판사가 서점에 더 좋은 조건을 제시한다면, 그 출판사의 책을 우선적으로 판매할 수 있을까요?

—— **서점 경영자나 본부는 긍정적인 답변을 할 수 있겠지만, 현장에서는 좋은 조건이라고 해서 반드시 그 책을 우선적으로 판매할 것 같지는 않습니다.**

치바: 맞습니다. 출판계의 연계는 출판사, 도매상, 서점뿐만 아니라 작가, 독자, 물류까지 포함됩니다. 이 연결고리에서 가장 약한 고리에 부담을 떠넘기면, 전체가 약해질 수밖에 없습니다. 서점의 이익률 개선은 필수적입니다. 서점들도 이익률 개선에 힘쓰는 출판사를 선택하는 의식이 필요합니다.

—— **스테디셀러책을 매입 조건으로 출판하는 방식에 대해선 어떻게 생각하시나요?**

치바: 구체적으로 언제, 어떤 책으로 시작할지 결정해야겠지만, 매입 조건 출판은 실현 가능성이 높다고 봅니다. 서점이 책을 매입했다면, 그만큼 판매 노력을 더 기울일 것이니까요.

—— **그렇겠네요!**

치바: 출판계는 독자뿐만 아니라 잠재 고객들에게도 눈을 돌려 '독서 문화를 촉진하는 시스템'*을 구축해야 합니다. 작가, 독자, 서

* 일본에서는 정부와 대기업이 교육과 문화에 상당한 역할을 하고 있습니다. 최근에는 일

점 직원, 편집자, 유명인 등 다양한 인플루언서가 함께해야 합니다. 하지만 그 출발점은 가정, 학교, 도서관에서 책과의 만남을 만들어 가는 것이죠. 일본에서 조직적으로 도서를 구매할 수 있는 자금을 가진 곳은 정부와 대기업입니다. 이들로부터 도서 시장에 자금이 유입되도록 해야 합니다. 실제로 도서 카드를 배포한 지자체도 있습니다. 정부의 아동 보호 정책과 출판계가 연계되어 함께 나아가야 합니다.

—— **2024년 3월에 창설된 '서점 진흥 프로젝트팀'*과도 같은 방향을 추구하고 계시네요.**

고지마의 해설

표제의 '마케팅 3.0'**은 치바 씨가 언급한 개념입니다. 이 개념은 자사 이

부 지방 자치단체가 도서 카드를 배포해 주민들이 자유롭게 책을 구매할 수 있도록 장려하고 있습니다. 이와 같은 독서 진흥 프로그램은 일본 출판계에 활력을 불어넣을 중요한 전략 중 하나로 평가받고 있습니다.

- 서점 진흥 프로젝트팀: 2024년 3월에 창설된 '서점 진흥 프로젝트팀'은 일본 출판계와 서점 산업의 위기를 극복하기 위해 조직된 팀입니다. 이들은 서점의 수익성 개선, 서점 운영 방안 제시, 독서 문화 활성화를 위한 정책 개발 등 다양한 해결책을 모색하고 있습니다. 특히, 서점의 이익률을 높이기 위한 실질적인 대안 마련이 주요 목표입니다.

•• 마케팅 3.0: 필립 코틀러(Philip Kotler)가 제안한 마케팅 개념으로, 단순히 제품 판매나 고객 만족에 그치는 것이 아니라, 사회적 가치와 인간의 삶의 질을 개선하는 데 초점을 맞춥니다. 일본의 출판계에서 이 개념을 적용한다면, 책을 통해 독자들이 지식과 사상을 공유하고, 사회 전반에 긍정적인 영향을 미치는 것을 목표로 삼는 마케팅 전략을 추구하는 의미로 해석될 수 있습니다.

익을 우선시하는 제품 지향의 '마케팅 1.0', 고객을 최우선으로 하는 고객 지향의 '마케팅 2.0'을 넘어서, 사회 전체를 풍요롭게 하는 인간 지향의 마케팅을 뜻합니다. 치바 씨가 출판계에 제안하는 이 마케팅 3.0은, 독서를 통해 사람들이 역사, 세계, 그리고 최신 기술 및 사상과 연결되어 사회를 더 풍요롭게 만든다는 신념에 기반한 것입니다.

이는 이 책에서 오가키 제노 사장이 말한 "서점이 책의 힘을 믿지 않으면 어떻게 되겠는가!"라는 말과도 일맥상통합니다. 출판계의 매출이 최고점 대비 절반으로 줄어들었음에도 불구하고,[•] 출판업계에 종사하는 모든 사람은 여전히 책의 힘을 믿고 있을 것입니다. 이러한 믿음을 바탕으로 출판계가 '마케팅 3.0'을 지침으로 삼는 것은, 단순한 매출 회복 이상의 큰 의미를 가질 수 있다고 생각합니다.

"사토시, 치바 회장의 이야기를 들으면서 삼촌이 영감을 받은 이야기를 하나 해줄게."

"또 자랑하려고 하는 거 아니에요?"

"아니야, 끝까지 들어봐. 포플러사에 '티라노사우루스 시리즈'라는 책이 있는데, 엄청나게 많이 팔렸어. 얼마나 팔렸을 것 같아?"

"그렇게 많이 팔렸다면, 100만 부 정도?"

• 일본 출판계 매출 감소: 일본 출판업계는 1990년대 중반 이후로 급격한 매출 하락을 겪었습니다. 1996년에 최고점을 기록했던 출판계 매출은 2020년대에 들어 절반 이하로 줄어들었습니다. 이는 인터넷과 전자책의 발달, 독서 인구 감소 등 여러 요인에 기인합니다. 하지만 여전히 많은 출판인들이 책의 사회적 영향력을 믿고 있으며, 이를 바탕으로 출판계의 재도약을 모색하고 있습니다.

"아니야, 무려 2,000만 부나 팔렸어."

"그 정도라니, 믿기지 않네요. 어떻게 그렇게 많이 팔린 거예요?"

"그건 저자인 미야니시 타츠야 씨가 직접 중국에서 판매 활동을 하고, 포플러사의 현지 법인과 협력해 현지화 전략을 펼쳤기 때문이야."

"그래서 삼촌이 받은 영감은 뭐예요?"

"일본의 아동 도서 출판사들이 모인 '아동 도서 10사#회'에서 일본의 우수한 그림책을 해외 시장에 직접 판매하려는 계획을 세우고 있어. 단순히 판권을 판매하는 게 아니라, 현지 언어로 번역하고 직접 제작해서 판매하는 방식이지."

"판권만 파는 게 아니라 직접 판매한다니, 흥미로운데요?"

"맞아. 베트남에서 저렴한 제작비를 활용해 책을 만들고, 작가들이 직접 현지 독자와 소통하는 방식으로 판매하는 거야. 미야니시 씨처럼 적극적으로 현지에서 활동할 계획이지."

"해외 시장이 국내 출판계에 새로운 기회가 될 수도 있겠네요. 그림책뿐만 아니라 다른 장르도 가능하겠어요."

제27화

서점과 출판사의 새로운 관계 구축

✦

"자, 내가 제일 좋아하는 출판사 사장님 이야기를 해줄게."

"어느 출판사인데요?"

"가와데 쇼보신샤의 오노데라 사장이야."

"오, 무슨 이야기를 들었어요?"

"비즈니스에서 중요한 개념인 '착안대국, 착수소국着眼大局、着手小局'에 대해 얘기해줬어."

"그게 무슨 뜻이에요?"

"큰 목표를 세우되, 작은 것부터 차근차근 실천하라는 거지. 또, 작은 일에도 세심하게 신경 써서 전체의 완성도를 높이자는 뜻이기도 해."

"아, 그렇군요. 오노데라 사장님 이야기를 좀 더 들려주세요."

가와데 쇼보신샤는 창립 140년을 맞이하는 전통 있는 문예 출판사입니다. 오노데라 유우 사장은 서점 현장을 깊이 이해하는 몇 안 되는 출판사 사장 중 한 명으로, 출판사들을 대표하는 일본서적출판협회서협의 이사장이기도 합니다. 그러나 이날은 사장으로서도, 이사장으로서도 아닌, 개인적인 의견을 들을 수 있었습니다. 오노데라 씨는 입사 후 13년 동안 영업을, 10년 동안 편집을 경험한 뒤, 2011년에 사장으로 취임했습니다.

《샐러드 기념일》은 지금도
매년 3만 부나 팔리고 있다

가와데 쇼보신샤 대표이사 사장 오노데라 마사루小野寺優

—— 출판업계의 현황과 과제에 대해 어떻게 생각하시나요? 2023년의 서점 매장 판매는 상당히 어려운 상황에 처해 있습니다. 무엇보다도 서점 방문객 수의 감소는 일본 사회의 위기라고도 할 수 있을 것 같습니다. 그 원인은 서점 자체의 매력이 사라졌기 때문일까요? 아니면 독자들이 책이라는 콘텐츠를 외면하기 시작했기 때문일까요? 혹은 그 두 가지 모두일까요? 오노데라 사장님께서 보시기에 어떻게 생각하시나요?

오노데라: 매력적인 서점, 다양한 노력을 기울이고 있는 서점들은 여전히 많이 존재합니다. 현재의 어려움을 서점 탓으로만 돌릴 수는 없어요. 오히려 출판업계 전체의 구조적 문제라고 보는 게 맞을 겁니다.

—— 구조적인 문제라면 어떤 부분을 말씀하시는 건가요?

오노데라: 가장 큰 문제는 물류입니다. 이른바 '2024년 문제'[*]비용 상승과 운송 문제, 그리고 반품 문제 등 여러 과제가 있습니다. 물류 효율화는 반드시 해결해야 할 중요한 과제예요. 하지만 출하를 지나치게 줄이면 반품은 줄겠지만 매출도 함께 감소할 수 있습니다. 매출 유지와 반품 감소 사이의 균형을 맞추는 게 중요하죠.

출하량이 줄어들면 인세도 줄어들어 저자의 생계에 영향을 미치게 됩니다. 서점에서 독자와 책이 우연히 만나는 기회도 줄어들죠. 이는 결국 저자와 독자 모두에게 불행한 일이 될 겁니다. 그렇기 때문에, 반품을 줄이면서도 매출을 유지하고 수익을 공정하게 분배할 수 있는 새로운 구조가 필요합니다. 독자들이 책을 외면하는 게 아니라, 서점이라는 물리적 공간이 줄어들고 책에 대한 정보가 독자에게 충분히 전달되지 않는 것이 문제라고 생각해요.

실제로 영상화나 SNS를 통해 평소 서점에 오지 않는 사람들에게도 책에 대한 정보가 전달되면, 지금도 폭발적으로 팔리는 경우가 있습니다. 그렇기 때문에 서점을 줄여서는 안 되고, 잠재 독자에게 책의 정보를 전달하는 방법에 대해 고민해야 한다고 생각합니다.

—— **서점에 오지 않는 사람들에게 정보를 전달해서, 서점으로 독자를 끌**

---

[*]   2024년 문제: 일본 물류업계에서 대두된 문제로, 2024년부터 노동시간 규제가 강화되어 물류비용이 크게 상승할 것으로 예상됩니다. 이는 출판사와 서점에 큰 영향을 미칠 수 있는 중요한 이슈입니다.

어들일 가능성이 충분히 있다는 말씀이시군요. 다른 과제나 새로운 시도는 무엇이 있을까요?

오노데라: 제가 우려하는 점은 신간 의존도가 너무 높아지고 있다는 것입니다. 약 30년 전만 해도 신간과 구간의 매출 비중이 신간 3, 구간 7 정도였지만, 최근에는 신간 6, 구간 4로 바뀌었어요. 독자들이 서점에서 구간을 천천히 고르기보다는 신간에 더 의존하게 된 거죠. 하지만 매출을 신간에만 의존하면, 베스트셀러가 없을 때 업계 전체가 어려워집니다.

—— **이 상황을 타개할 '구간舊刊에 대한 새로운 접근법'은 없을까요?**

오노데라: 예를 들어, 우리 출판사에서 발행한 타와라 마치의 《샐러드 기념일》은 매년 3만 부씩 꾸준히 팔리고 있습니다. 다른 스테디셀러들도 비슷한 상황이에요. 모든 출판사에는 이렇게 잠재력이 있는 구간이 있습니다. 구간은 이미 어느 정도 원가를 회수했기 때문에, 서점에 더 큰 마진을 제공할 수 있죠. 서점이 이런 구간을 선별해 매입하고, 출판사는 저렴하게 납품하는 방식으로 판매를 유도할 수 있다고 생각합니다.

—— **흥미로운 제안이네요.**

오노데라: 독자에게는 기존 간행물과 신간의 구분이 중요하지 않으므로, 서점은 자사에 있던 기존 간행물도 신간과 마찬가지로

진열해야 합니다. 출판사 역시 가능하다면 세일즈 프로모션이나 광고를 통해 독자들에게 널리 알리는 노력을 해야 합니다. 이러한 방식으로 기존 간행물이 판매된다면, 출판사는 낮은 공급률이라도 반품 리스크를 두려워하지 않고 상품을 공급할 수 있고, 서점은 재고 리스크가 있지만 그만큼 더 많은 마진을 스스로 확보할 가능성이 생깁니다.

어쩌면 서점의 매대가 지금보다 더 다양한 책들로 채워져, 독자들에게도 더 즐거운 경험을 선사할 수 있을지도 모릅니다. 물론 이는 하나의 제안일 뿐이며, 이를 실현하기 위해서는 여러 가지 장애물이 있을 것입니다. 그러나 서로 협력하며 이런 시도를 해볼 수 있지 않을까 고민하고 있습니다.

—— **실현된다면 정말 좋은 계획이겠네요.**

오노데라: 얼마 전 미국의 Z세대가 '디지털 디톡스' 때문에 종이책을 다시 찾고 있다는 기사를 읽었어요. 이로 인해 종이 출판물 매출이 급증하고, 오프라인 서점도 활기를 되찾고 있다고 합니다. 일본에서도 아날로그 레코드가 다시 팔리고 있듯이, 사람들에게는 아날로그 미디어가 여전히 필요합니다. 서점은 독자가 책과 우연히 만나는 중요한 장소입니다. 요즘 젊은이들은 진정한 가치가 있다고 느끼는 것에는 아낌없이 돈을 씁니다. 우리도 종이책의 가치를 독자들에게 더 많이 느끼게 해야 한다고 생각합니다.

고지마의 해설

작년, 가와데쇼보신샤는 4년 한정으로 계간 문예지 〈스핀〉을 창간했습니다. 이 잡지는 제지 회사와 협력해 각 호마다 표지와 목차에 사용되는 종이를 변경하고, 그 종이의 이름을 기재하는 독특한 방식을 도입했습니다. 또한, 종이에 관한 연재도 실었는데, 창간호 1만 부가 곧바로 매진되었고, 추가로 인쇄한 부수도 모두 팔렸습니다. 이는 출판업계에서 매우 이례적인 판매 실적이죠. 최근 발간된 5호도 초판 1만 9,000부 중 약 90%가 판매된 상태입니다.

오노데라 씨는 이러한 성공의 원인이 종이에 대한 고집이 젊은 독자들의 마음을 사로잡았기 때문이라고 말했습니다. 이 사례는 종이책이 가진 가능성을 상징하며, 종이책 특유의 손에 잡히는 느낌이 사람에게 안도감을 주는 역할을 한다고 할 수 있습니다.

"사토시, 삼촌이 제일 좋아하는 작가가 누군지 알아?"

"이 방 책장에 있는 노란 상자에 담긴 《다카하시 카즈미 전집 高橋和巳全集》의 저자겠죠?"

"맞아. 삼촌은 학생 때부터 그 전집을 하나씩 모았거든. 그런데 다 모으기도 전에 서점에서 구하기 어려워져서 당황했지. 그때 가와데 쇼보신샤를 담당하던 다키이 씨한테 얘기했더니, 빠진 권수들을 전부 구해다 줬어. 덕분에 전집을 완성할 수 있었지."

"문고판으로 읽었던 다카하시 카즈미의 작품을 전집으로 다

모은 순간이었네요."

"그렇지. 그런데 너는 책만 읽을 수 있으면 된다고 생각하는 것 같네. 전집을 고액을 주고 다 모아서 서재에 전시하는 게 요즘 사람들에겐 좀 시대에 뒤떨어진 취미로 보일 수도 있겠지. 그런 건 도서관에 맡기면 될지도 모르고."

"응, 그럴 수도 있겠네요."

"앞으로 종이로 된 백과사전을 출판할 회사가 있을까?"

"아마 없겠죠."

"시대가 변해가니까 말이야. 앞으로 도서관, 서점, 중고책방, 그리고 전통적인 고서점의 관계가 어떻게 변할지 정말 궁금해."

"이번엔 삼촌이 저한테 배우는 것 같네요. 모든 걸 시장 흐름에 맡기는 게 좋을지, 아니면 업계 관계자들이 개입해야 할지, 다시 한번 생각해 보게 되네요."

제28화

다음 시대에 대한 희망은 있다

❀

"다음은, 출판사 최대 기업인 고단샤의 임원 이야기를 들어보자."

"잠깐만요. 그 고단샤에서 삼촌이 문전박대도 안 당하고 고단
샤 임원의 이야기를 들을 수 있었다고요?"

"뭐, 그런 셈이지. 그분이 아이디어가 넘치고, 희망이 가득한
이야기를 기대해도 좋아."

출판계는 금기 없는 미래에 도전해야 한다

고단샤 이사 출판영업국장 츠노다 나오토시角田真敏

—— 츠노다 씨는 고단샤의 이사로 출판 영업 부문을 책임지고 있으며,
종이책의 판매 및 수익에 대한 책임을 맡고 계십니다. 그 이전에는
라이트 및 미디어 비즈니스 부문에서 종이책 이외의 매출과 수익을
담당하셨습니다. 먼저 서점의 현황에 대해 어떻게 생각하십니까?

츠노다: 서점의 이익을 증대시키는 것이 중요하다는 점은 충분히 이해하고 있습니다. 다만, 그런 큰 변화가 이루어지기까지는 시간이 걸릴 수밖에 없어요. 그래서 고단샤는 먼저 만화책의 비닐 래핑 작업이나 최근 시작한 문고본 포장 작업을 통해 서점의 판매 관리비, 즉, 인건비와 자재비 절감에 노력하고 있습니다. 이렇게 출판사 차원에서 제조 단계에서 처리하면 출판계 전체의 비용 절감으로 이어질 것이라 생각합니다.

—— 출판물에 RFID개체 인식을 할 수 있는 ID 태그를 부착하여 책의 개체 관리 및 유통 추적성을 강화하는 '퍼브텍스PubteX'를 고단샤, 쇼가쿠간, 슈에이샤, 마루베니가 협력하여 설립했습니다. 이 시스템은 배본 정확도 향상뿐만 아니라 서점에서 도난 방지, 재고 관리, 그리고 매장 내 검색 기능에도 활용할 수 있는 구상으로 진행되고 있다고 들었습니다. 이 회사에 대해 설명해 주시겠습니까?

츠노다: 책의 개체 관리를 통해 추적 가능성을 확보하면, 서점에서의 마케팅 수준이 크게 향상될 것입니다. 출판사와 서점, 그리고 도매상 간에 합의가 이루어지면 동일한 책을 구매 조건에 따라 보다 저렴한 가격으로 서점에 공급하는 것도 가능해질 것입니다. 모든 제품에 이 시스템을 적용하는 데는 시간이 걸리겠지만, 배치가 명확한 만화책이나 문고본을 우선 적용하면 서점도 이에 대한

* 일본의 주요 출판사들과 마루베니가 협력하여 설립한 회사로, 출판물에 RFID 기술을 적용해 개체 관리 및 유통 효율성을 높이는 시스템을 개발하고 있습니다. 한국에서도 RFID 도입 논의가 이루어지고 있지만, 상용화된 사례는 많지 않습니다.

활용에 긍정적인 반응을 보일 수 있을 것입니다.

—— **닛판이 2025년에 로손과 훼미리마트와의 거래를 중단하게 되는데,**
이에 대해 어떻게 생각하시나요?

츠노다: 그 결정에 대해 납득이 가지 않는 부분도 있습니다. 물론 닛판이 적자를 계속 낼 수 없다는 건 이해합니다. 하지만 닛판은 출판물을 다루는 회사로서, 거래 중단 전에 로손과 훼미리마트측과 충분히 협의한 후 출판사와도 논의해야 했다고 생각합니다. 그런데도 적자를 피할 수 없었다면 거래 중단도 불가피했겠지만, 2023년 초에야 우연히 외부에서 그 이야기를 듣고 사정을 알게 된건 아쉬운 부분입니다.

—— **그렇군요.**

츠노다: 게다가 처음엔 2024년부터 거래를 중단하겠다는 얘기가 있었습니다. 만약 잡지의 발매일 협정이 물류비 증가의 원인이라면, 이 협정을 재검토할 필요도 있을 겁니다. 조건이 맞다면, 잡지를 다른 상품들과 함께 편의점에 배송하는 방법도 고려해 볼 수 있지 않을까요?

—— **출판계에서 화제가 되고 있는, 기노쿠니야 서점, TSUTAYA, 그리**
고 닛판이 함께 설립한 북셀러스 & 컴퍼니에 대해서는 어떻게 생
각하십니까?

츠노다: 지금까지 들려오는 이야기는 단순히 '어떤 조건으로 책을 판매할 것인가'에 대한 이야기뿐이에요. 중요한 건 '어떤 책을, 어떤 방식으로 판매할 것인가'인데, 그 부분에 대한 구체적인 내용이 없습니다. 예를 들어, 이 회사만을 위한 책을 제작해 그들이 매입하고, 자유롭게 가격을 설정해 판매하는 방식도 흥미로울 수 있습니다.

—— 흥미로운 발상입니다. 도매상에 대해서는 어떻게 생각하십니까?

츠노다: 도매상들은 책의 매입과 판매에 더 집중해야 한다고 생각합니다. 도매업무가 시스템화되면서 예전처럼 '어떻게 책을 판매할 것인가'에 대한 논의가 줄어든 것 같아요. 도매상이 콘텐츠를 활용해 서점과 파트너십을 맺고, 지역 커뮤니티나 자치단체와 협력해 비즈니스를 전개하는 방식도 가능합니다. 토한에서 콘텐츠 사업부가 설립된 것처럼, 종이책뿐 아니라 디지털 콘텐츠에서도 새로운 비즈니스를 만들어 나갈 수 있을 겁니다.

고지마의 해설

자신의 회사 비용 절감만을 논하는 것이 아니라, "출판계 전체의 비용을 절감하자"라는 이야기를 다른 곳에서는 좀처럼 듣기 어렵습니다. 역시 출판계 리더다운 고단샤 임원의 발언이었습니다. 책과 잡지 판매가 점점 어려워지는 상황에서도 출판물과 독자가 만나는 자리를 지키려는 고단샤 임원의 기개를, 저만 느끼는 것일까요? 츠노다 씨는 내내 온화한 어조로, 종이 출판물과 서점을 지키려는 확고한 의지를 계속해서 표현해 주었습니다.

"구매 후 가격을 자유롭게 정해서 매장에서 판매하는 방식도 재미있지 않나요?"라는 츠노다 씨의 발언은 단지 '북셀러스 & 컴퍼니'만을 겨냥한 것이 아니라, 모든 서점과 취급업체를 염두에 둔 발언처럼 느껴졌습니다. 재판매 제도와 위탁제도의 변화를 이런 곳에서부터 시작할 수 있지 않을까요?

츠노다 씨의 자유롭고 유연한 발상은 침체된 출판계에 새로운 희망을 불러일으키고 있습니다.

"사토시, 츠노다 씨 이야기는 어떻게 들었어?"

"이렇게 큰 출판사의 고위직이 이 정도로 유연하게 생각하고 있다는 게 정말 놀라웠어요."

"맞아, 출판계 개혁의 공이 고단샤에서 서점과 취급업체로 넘어간 것 같아. 이제 남은 건 서점과 취급업체의 의지와 실행이겠지."

제29화

서점은 출판업계의 가장 중요한 파트너

“마지막으로, 슈에이샤 회장의 이야기를 들어보자.”

슈에이샤 회장이자 일반 사단법인 일본잡지협회(일본에서 잡지를 발행하는 주요 출판사들의 단체: 약칭 ‘잡협’)의 이사장인 호리우치 마루에이 씨와의 인터뷰가 있었습니다. 호리우치 씨는 일본출판클럽빌딩 내의 잡협 사무소에서 전무이사 스즈키 노부유키 씨와 사무국장 야마다 히데키 씨와 함께 이야기를 나누었는데, 인터뷰 내내 “서점은 출판 사업에서 가장 중요한 파트너”라는 말을 여러 차례 강조하셨습니다.

호리우치 씨는 1975년에 슈에이샤에 입사하여, 소년 점프를 비롯한 슈에이샤를 대표하는 만화 편집부에서 활약한 후, 편집총무와 인사담당 임원을 거쳐 2011년에 사장으로 취임하였고, 2020년부터는 회장직을 맡고 있습니다. 호리우치 씨는 잡지 업계에서 모르는 이가 없을 정도로 큰 영향력을 가진 인물입니다.

편의점에서 잡지가 사라지는 것은
잡지 저널리즘의 위기

슈에이샤 이사회 의장 호리우치 마루에이堀内丸惠

—— **먼저, 닛판이 로손과 훼미리마트와의 거래를 철수한 것에 대해 어떻게 생각하시는지요?**

호리우치: 편의점에서의 잡지 판매는 출판사에 있어서 매우 중요한 채널입니다. 잡지는 단독으로 수익을 내기 어려운 경우가 많지만, 출판사의 핵심 콘텐츠를 창출하는 기반이기도 합니다. 또한, 잡지를 통해 소비자들이 무엇에 돈을 지급하는지 파악할 수 있는 마케팅 요소도 포함되어 있습니다.

—— **잡지 콘텐츠의 2차 활용이나 마케팅적인 가치가 크다는 말씀이군요.**

호리우치: 맞습니다. 편의점의 잡지 코너는 독자와 종이책이 만나는 중요한 접점이에요. 편의점에서 잡지가 사라지는 건 일본 잡지 저널리즘에 큰 위기를 초래할 수 있습니다.

—— **닛판 측에서는 로손과 훼미리마트와의 거래가 적자였다고 하던데요.**

호리우치: 그렇다면 더 일찍 솔직하게 설명하고, 판매를 계속할

방법을 협의했어야 했다고 생각합니다. 출판물 배송은 잡지뿐 아니라 서적도 함께 운송되기 때문에, 잡지 운송비 부담이 과도했을 겁니다.

―― 그렇군요.

호리우치: 출판사들이 도매상에 제공하는 공급률도 재검토할 시기가 되었습니다. 특히 전문 서적 출판사 중에는 놀랄 만큼 높은 공급률을 가진 곳도 있습니다. 이를 포함해 출판물의 유통 전반을 재검토해야만 잡지와 서적 사업을 지속 가능하게 할 수 있습니다. 물론, 서점과 도매상도 새로운 접근 방식을 고민해야 합니다.

―― 출판계에서 협력해 논의할 자리가 부족하다는 지적도 있습니다.

호리우치: 출판계의 리더들이 한자리에 모이는 기회는 적지만, 실무 담당자들이 개별적으로 주제에 맞춰 논의하고 있습니다. 전체적인 방향은 톱 리더들이 결정하고, 현장에서 실무자들이 실행하는 구조죠.

―― 서점에 대한 응원의 한 말씀 부탁드립니다.

호리우치: 출판물을 판매해 주시는 서점들을 최대한 지원하고 싶습니다. 단순히 포상금 제도에 그치지 않고, 서점이 이익을 남길 수 있는 방법을 고민하고 있어요. 이를 위해 퍼브텍스Pubtex 같은 시스템 도입이나 도난 방지 대책 등 다양한 방법으로 서점을 지원

할 계획입니다.

—— 출판계에서 인재 교육의 부족 문제에 대해서는 어떻게 생각하시나
　요?

　　호리우치: 제가 인사 담당 임원으로 임명된 후부터 신입 사원부
터 각 연차별 교육, 주제별 교육까지 운영하며 인재 육성에 힘써 왔
습니다. 앞으로는 해외 진출을 염두에 두고, 젊은 직원들에게 해외
비즈니스 능력을 기를 수 있는 제도도 마련할 계획입니다.

—— 정말 대단합니다. 이러한 제도를 통해 슈에이샤의 수익 비결을 엿볼
　수 있는 것 같습니다.

고지마의 해설

슈에이샤의 강력한 존재감을 느끼면서, 호리우치 회장의 서점 지원 의지가
진심임을 확신하며 인터뷰를 마무리했습니다. 인터뷰가 끝난 후, 호리우치
회장과 함께 작가들이 참여하는 서점 지원 비즈니스에 대해 논의했습니다.
　　호리우치 회장이 "작가들도 서점을 돕고 싶어 합니다"라고 말하는 순
간, 저는 평소에 구상해왔던 비즈니스 계획을 제안했습니다. 그것은 서점
이 유명 작가의 강연회를 주최하고, 책 구매를 포함한 티켓 요금으로 관객
을 모은 뒤, 경비를 제외한 수익을 서점이 가져가는 방식입니다. 이에 대해
호리우치 회장은 동의하며 한 가지 더 아이디어를 제시했습니다. "그거 재

미있네요. 또 소수의 참가자를 대상으로 고가의 부가가치를 제공하고, 온라인에서는 저렴하게 많은 참가자를 받아 수익화하는 방식도 좋겠어요."

저와 호리우치 회장은 서점을 지원하기 위한 비즈니스 방안을 흥미롭게 논의했습니다. 여기서 영감을 얻은 비즈니스 플랜의 구체적인 내용은 2부 요약(128~132페이지)에 나와 있습니다.

"사토시, 호리우치 회장의 이야기는 어떻게 들었니?"

"그렇게 높은 위치에 있는 분이, 전직 토한 지점장이었던 삼촌의 이야기를 진지하게 들어줬다는 게 정말 놀라웠어요."

"아마도 호리우치 회장이 출판계의 위기의식을 느끼고 있어서, 내 이야기도 들어볼 만하다고 생각했겠지. 슈에이샤의 2023년 5월 결산에 따르면, 매출은 2,097억 엔에 당기순이익이 159억 엔이었어. 정말 초고수익 기업이지. 대형 출판사 경영진들은 자신의 사업뿐만 아니라 출판계 전체 문제를 고민하면서 '노블레스 오블리주' 정신을 가지고 있는 것 같아."

"그렇다면 그 안에서 서점이 살아남을 가능성도 있겠네요."

"나도 '서점은 출판 사업에서 가장 중요한 파트너'라는 호리우치 회장의 말이 진심이었다고 생각해."

최종화

거리에 서점이 필요한 이유

◈

"사토시, 이제 이 긴 이야기도 이것으로 끝이야. 마지막으로 너랑 함께 생각해 보고 싶은 게 있어."

"뭐예요? 거창한 얘긴가요?"

"책은 아마존이나 라쿠텐 같은 온라인 서점에서도 쉽게 살 수 있잖아. 그런데 왜 도시에 서점이 필요할까? 야채 가게, 생선 가게, 카메라 가게는 다 사라졌는데도 우리는 크게 불편함을 못 느끼지. 그런데 서점만큼은 왜 계속 필요로 할까?"

"확실히 책은 온라인에서 주문하면 바로 받을 수 있고, 추천 도서까지 알려줘서 편하죠."

"맞아, 그런데도 사람들은 왜 서점이 필요하다고 느낄까? 네 생각은 어때?"

"서점에서는 책을 직접 보고 만질 수 있잖아요. 그 자리에서 바로 살 수도 있고요. 또, 책 제목만 보고 샀다가 실망하는 일이 줄어드는 것도 장점이죠. 다양한 장르의 책을 한꺼번에 둘러볼 수 있는 것도 좋고요. 그리고 서점 특유의 분위기가 좋아요."

"그렇지. 그런데 그게 다일까?"

"음... 예상치 못한 책을 만날 수 있는 것도 큰 매력이죠."

"맞아, 그게 바로 세렌디피티serendipity야."

"세렌디피티요?"

"응, 우연히 좋은 걸 발견하는 능력을 말해. 사람들이 서점에 가는 이유 중 하나는, 찾는 책이 있어서일 때도 있지만, 그냥 '어떤 좋은 책이 있을까?' 하며 둘러볼 때도 있잖아."

"맞아요. 가끔 서점에 들렀다가 생각지도 못한 좋은 책을 발견할 때가 있죠."

"그래, 서점을 돌아다니다 보면 여러 장르의 책을 한꺼번에 보게 되고, 그 과정에서 새롭고 흥미로운 책을 발견하는 거지. 그때 발휘되는 게 바로 세렌디피티야."

"그럼 싱크로니시티synchronicity랑 비슷한 건가요?"

"아니, 좀 달라. 싱크로니시티는 서로 관련 없는 사건이 우연히 동시에 일어나서 의미 있는 우연의 일치를 말해. 세렌디피티는 행운처럼 우연히 좋은 기회를 발견하는 거고."

"좀 더 자세히 설명해 주세요."

"사람에겐 의식과 무의식이 있지. 의식은 우리가 일상생활을 하는 동안 이끌어가는 부분이고, 무의식은 그 뒤에서 많은 걸 좌우하지."

"아, 그렇군요."

"사람은 누구나 이 무의식에서 벗어날 수 없거든. 그리고 무의식이 유연할수록, 또 더 많은 걸 흡수할수록 그 사람의 인생은 더 풍요로워져. 그 무의식을 자극해 주는 공간이 바로 서점이야. 거기서 낯선 책을 발견하고 기쁨을 느끼는 것도 그 덕분이지."

"그런데 그런 사람들도 점점 줄어들고 있지 않나요?"

"맞아. 그래서 서점이 살아남으려면, 이 책에서 여러 번 언급한 것처럼 출판업계가 비즈니스적으로 재구성돼야 해. 그리고 새로운 서점의 가치를 만들어내지 않으면, 결국 시대의 흐름에 밀려 사라질 수도 있겠지."

"삼촌은 서점의 미래를 어떻게 보세요?"

"독일이나 미국에서는 서점이 다시 부흥하고 있어. 일본도 그럴 가능성이 충분히 있다고 생각해. 다만, 일본에서 서점이 사라지지 않기를 바랄 뿐이야."

"삼촌, 기도만 한다고 현실이 바뀌진 않아요. 삼촌도 행동해야죠!"

"네 말이 맞아."

"그런데, 사토시. 서점에 취직할 마음이 생긴 거니?"

"그건, 오늘 들은 이야기가 실제로 실행에 옮겨지느냐에 달렸겠죠."

특별기고

"책은 중요합니다. 그러니 지켜주십시오."는 통하지 않는다.

유린도 / 마쓰노부 겐타로松信健太郎

책은 마음의 여정

VUCA변동성, 불확실성, 복잡성, 모호성라는 말이 구식으로 들릴 만큼, 우리
는 이제 과거의 성공 경험이 더 이상 통하지 않는 시대에 살고 있
다. 이런 불확실한 시대에 개인이 존엄과 자부심을 가지고 자기 성
장을 이루며 행복하게 살기 위해서는 스스로 생각하고 결정하는
능력이 필수적이다.

이 능력을 기르기 위해서는 다양한 경험과 지식, 교양, 그리고
가상 체험이 필요하다. 특히 지식과 교양, 가상 체험을 제공하는 도
구로서 책만큼 저렴하고 강력한 도구는 없다. 유린도의 캐치프레
이즈처럼, '책은 마음의 여정'이며, 책은 개인의 성장과 행복에 깊이
연관된 중요한 상품이다.

하지만 글로벌 시대라고 해도 모든 젊은이가 해외로 나갈 수
있는 것은 아니다. 일본이 다시 한번 자신감을 회복하고 희망이 넘

치는 나라가 되려면, 국민 개개인의 정보 수집 능력과 지적 수준을 높이는 것이 필수적이다.

책은 이 목표를 달성하는 데 가장 적합한 도구다. 국민이 독서를 통해 지식을 확장하는 것은 일본에 필수적이며, 책은 국력 회복을 위한 중요한 요소다.

책의 중요성에 대해선 모두가 동의할 것이다. 출판계에 종사하든 아니든, 책의 가치를 부정할 사람은 거의 없다. 하지만, 이렇게 유용하고 중요한 책을 판매하는 서점은 점점 사라지고 있다. 이 책의 제목에 따르면, 그 시점은 2028년이다. 현재 출판업계와 서점들이 처한 위기는 매우 심각하다. '이건 큰일이다, 어떻게 해야 할까?'라며 고민하는 것이 지금의 현실이다.

'문화라서 중요하다'는 말은 순진한 생각

그러나 앞서 언급한 책의 유용성과 서점의 생존은 불행히도 별개의 문제라고 생각한다. 책이 개인의 행복이나 국가 경쟁력에 기여한다고 해도, 그 형태나 유통 방식은 시대에 따라 변화한다. 책이 유용하다는 사실이 반드시 '책'만이 그 유용성을 제공할 수 있음을 의미하지 않는다. 특히 디지털화된 사회에서는 이 경향이 더욱 두드러진다. 기술 혁신은 책이 했던 역할을 넘어서는 유용성을 발휘할 수 있음을 시사한다.

서점은 어디까지나 소매업에 속하며, 그 자체가 문화산업은 아니다. 서점은 단지 문화적인 상품을 판매하는 소매업일 뿐이다. 모든 소매업체는 사회와 소비자의 변화를 분석하고 예측해야 하며, 때로는 까다로운 고객의 요구에 철저히 대응하고 그 기대를 뛰어넘는 서비스를 제공해야 생존할 수 있다.

"종이책은 중요하니 우리를 지켜주세요"라는 호소는 더 이상 통하지 않는다.

"우리가 다루는 상품은 '문화' 그 자체이니 우리를 도와주세요"라는 말 역시 너무 안일한 생각이다. 이렇게 접근해서는 많은 소비자들의 지지를 얻을 수 없다.

고기와 생선에서 얻는 영양소는 인간 성장에 필수적이지만, 정육점과 생선 가게는 거리에서 거의 사라졌다. 옷감 가게, 이불 가게, 두부 가게, 쌀 가게도 한때는 필수적인 상품을 팔았지만, 지금은 슈퍼마켓에 흡수되어 거리에서 자취를 감췄다.

정육점이나 생선 가게 같은 곳들은 다른 형태로 살아남을 수 있었지만, 다다미 가게는 어떨까? 일본 가옥의 감소와 함께 거의 찾아볼 수 없게 되었다. "다다미는 일본의 문화입니다. 사회의 변화로 사업이 어려워졌습니다. 그러니 우리를 지켜주세요." 이런 호소를 한다고 해서 우리가 얼마나 진지하게 받아들였을까? "지금은 서구식 건축이 주류고, 바닥도 마루로 바뀌었으니 어쩔 수 없지……" 하고 넘어갔던 것이 아닐까?

책도 마찬가지다. 우리는 책을 팔고 있으니 책의 중요성을 강조하지만, 그렇지 않은 사람들에게는 다다미 가게와 다를 바 없을 수 있다. '책이 중요한 건 알겠어. 그런데 지금은 인터넷 시대잖아. 스마트폰으로도 읽을 수 있고, 종이책은 읽고 싶은 사람만 보면 되는 거 아니야?'라는 것이 오히려 일반적인 생각일지도 모른다.

자신이 취급하는 상품에 애정을 가지는 것은 중요하지만, 그로 인해 객관적인 평가를 왜곡해서는 안 된다. 우리가 아무리 '책은 중요한 문화적 상품이다. 없어서는 안 된다'고 생각해도, 세상 사람들은 그렇게까지 생각하지 않을 가능성이 높다. 우리가 출판업에 종사하면서도 다다미 가게의 걱정을 깊이 하지 않았던 것처럼 말이다. 1996년을 기점으로 판매량이 절반으로 줄어든 시장 축소가 우리가 중요하게 여기는 '책'에 대한 세상의 냉정한 평가다. 단순히 대체재가 생기거나, 더 이상 필요하지 않아서 책을 사지 않는 것이다.

'문화'는 특별한 것이 될 수 있지만, 특권은 아니다. 게다가 문화적 가치를 지닌 상품은 책 외에도 많다.

혁신이야말로 중요하다

어떤 업종도 변화와 개혁 없이 영원히 지속될 수는 없다. 역사가 이를 증명하고 있다. 오래된 전통 기업일수록 지속적인 혁신과 개혁을 거듭해 왔다. 그들은 변화를 일으켰고, 이를 통해 성장했다. 우리 또한 우리의 비즈니스를 지속 가능한 것으로 만들고 싶다면, 혁신을 멈출 수 없다. 이길 때까지, 끊임없이 혁신을 이어나가야 한다.

물론 출판업계는 제도적인 피로를 겪고 있으며, 특히 서점 입장에서 개선해야 할 부분이 많다. 예를 들어, 서점이 매입하는 도서의 가격이 좀 더 저렴해진다면 분명 도움이 될 것이다. 이런 문제들은 내부적으로 논의하고 해결해야 한다(물론 개선이 쉽지 않을 수 있겠지만). 하지만 더 중요한 것은, 외부로 눈을 돌려 우리의 강점과 고객의 요구를 정확히 분석하고, 이를 바탕으로 비즈니스를 사회와 소비자에게 더 적합한 형태로 변화시키는 혁신에 에너지를 쏟는 일이다.

예를 들어, 서점의 마진을 30% 이상으로 높여 일시적으로 서점의 도태를 막는다 하더라도, 소비자들의 서점 자체에 대한 평가는 바뀌지 않을 것이다. 시대에 맞지 않고 더 이상 필요하지 않은 형태의 '전통 서점'이 계속된다면, 결국 머지않아 지금과 같은 위기가 또다시 찾아올 것이 분명하다(물론, 마진을 30% 이상으로 높이는 것도 당연히 필요하니 부탁드린다). 위기에 처한 서점들이 '현상 유지'를 위해 내부적으로만 노력하는 대신, 각자가 새로운 혁신을 일으켜 다양한 '새로운 서점'을 탄생시키는 것이 결국 더 나은 미래를 만들고, 소비자들에게도 큰 이익이 될 것이다.

유린도는 아스크루 에이전트(아스크루의 공식 대리점)로 활동 중이다. 아스크루는 처음에 문구와 사무용품을 판매하는 통신판매 사업으로 시작했지만, 이후 문구와 사무용품의 개념을 재정립하고 취급 상품을 생활·편의용품으로까지 확대해 성장했다. 이러한 혁신이 없었다면, 아스크루는 시대 변화에 적응하지 못하고 후

발 주자들에게 추월당했을지도 모른다. 이 사례는 비록 혁신과는 조금 다르지만, 유린도가 아스크루 에이전트가 된 것도 그에 맞먹는 큰 도전이었다. 당시 유린도는 매장에서 정가로 문구를 판매하고 있었는데, 많은 직원이 EC 사이트에서 할인된 가격으로 판매하는 아스크루의 비즈니스 모델에 회의적이었다. 그 결과 에이전트가 되는 것에 반대하는 의견도 많았다.

하지만 그때 아스크루 에이전트가 되는 선택을 하지 않았다면, 오늘날의 유린도는 존재하지 않았을 것이다. 현재 유린도가 서점 사업의 적자를 보완하고 유지될 수 있는 것은, 아이러니하게도 아스크루 에이전트 사업 덕분이다.

결국 서점은 누구의 도움에도 기대지 않고 스스로의 힘으로 혁신을 일으켜야 한다. 대부분 그렇듯, 혁신의 시작점은 '위기'에서 비롯된다. 업계의 위기, 기업의 위기, 그리고 개인의 위기. 바로 그 순간, 혁신이 탄생하는 것이다. 서점이 지금 처한 이 위기야말로 가장 큰 기회다.

유튜브 채널로 팬 확보하기

혁신을 일으키고, '다음으로 수익을 창출할 것'을 찾기 위한 도전에는 우수한 젊은 인재가 필요하다.

기존 개념이나 업계 관습에 얽매이지 않고, 새로운 발상으로 혁신을 일으킬 수 있는 인재 말이다. 대부분 중소기업인 서점들은 이러한 인재 확보가 매우 어렵다.

채용과 구인이야말로 기업 성장의 원천이기 때문에, 경영자가 직접 다양한 안테나를 세우고, 자신의 생각을 이야기하며 공감해 줄 수 있는 우수한 인재를 찾아내는 것이 필수적일 것이다.

그리고 젊은 인재를 성장시키기 위한 교육 및 연수 제도의 충실함도 필요하다. 이것 또한 중소기업이 자체적으로만 해결하기는 어렵다. 가장 큰 위험은, 지친 현장에서 혁신적이지 않은 선배가 우수한 젊은 인재를 짓눌러 버리는 일이다. 이것만은 반드시 주의해야 한다.

혁신을 일으키기 위한 또 하나의 원동력은 '팬'이 아닐까 생각한다.

우리 회사에는 '유린도만 아는 세계'라는 YouTube 채널이 있다. '유린도만이 아는 다양한 세계를, 직원들이 사랑을 담아 전달한다'라는 콘셉트의 채널이다. 현재 구독자 수는 28만 명을 넘는다.

기업 채널로서는 놀라운 구독자 수라고 자부하고 있다. 이를 통해 우리는 많은 '유린도 팬'을 얻었다. 이 채널의 팬인 '유린찌'들이, 채널뿐만 아니라 우리의 새로운 도전도 응원해 준다.

2023년 10월, 유린도는 처음으로 관동권 외 지역에 출점했다. 90평에 불과한 '고베 한큐점' 오픈 첫날, 특별한 한정 상품이 있었던 것도 아닌데 많은 유린찌가 고베에 모여주었는데, 계산을 위해서는 최대 3시간이나 기다려야 했다.

줄을 서 있는 손님들에게 사과를 드리러 가면, "유린도의 새로운 도전이니 응원할게요!"라며 묵묵히 기다려주셨다. 나뿐만 아니라 많은 직원이 눈물을 멈출 수 없었다.

새로운 도전을 했을 때, 그것을 지지해 주는 '팬'의 존재는 매우 크다. 평소부터 꾸준히 고객을 위해 봉사하고, 고객들이 어떻게 즐거워할지, 어떻게 새로운 경험을 하게 할지를 계속 고민하지 않으면 팬을 얻기는 어렵다. 고객이 '팬'이 되어주는 꾸준한 활동은 혁신이나 개혁의 큰 엔진이 된다는 믿음이 있다.

경영자의 건전한 위기의식과 열정, 그리고 우수한 젊은 인재와 팬 고객. 이것만 갖추어지면 이제 행동을 일으킬 일만 남았다.

혁신이나 새로운 도전에는 물론 리스크가 따르기 마련이다. 모든 시도가 백발백중으로 성공할 수는 없다. 어느 정도의 실패를 전제로 하는 이상, 공격만이 아니라 수비의 관점도 무시할 수 없다. 그래도 도전을 주저하면 우리에게는 밝은 미래는 없다.

앞으로 많은 서점이 혁신을 일으켜, 지금까지 없었던 새로운 서점들이 많이 탄생하고, 건강하고 긍정적인 경쟁이 이루어지길 기대하며, 동시에 스스로에게 다시 한번 채찍질을 가하고자 한다.

맺음말
전문가 30명으로부터의 메시지

이 책은 취재에 응해주신 28명의 분들과 저의 공동 작품입니다.

각자의 입장과 생각은 다를지라도, 출판계의 위기감은 모두가 공유할 수 있었습니다. 정말 감사합니다.

그렇다면 왜, 이 책에는 저를 포함해 29명만이 등장하는데, '30명의 전문가로부터의 메시지'라고 되어 있을까요? 30번째 인물은 바로 독자인 당신이기 때문입니다. 거리의 서점들이 점차 사라지고 있습니다. 이 책을 읽고 느낀 감상을 말로 표현하는 것이, 서점이 사라지지 않도록 막는 힘이 될 것입니다.

이 책은 10년 전 사노 신이치 씨가 프레지던트사에서 출간한 《누가 책을 죽이는가》에 대한 오마주이기도 합니다. 사노 씨는 이 책에서 "출판 개혁은 더 이상 미룰 수 없다"고 말했습니다. 출판 유통을 담당하는 양대 도매업체도 개혁에 착수하고 있지만, 안타깝게도 토한과 닛판 양사에서는 취재를 거부했습니다. 그들로부터의 발언이 없어서 완전하지 못한 점이 아쉽지만, 이는 제 평소의 언행에서 비롯된 결과일 것입니다. 죄송합니다.

또한 취재에 응해주신 분들 중 일부는 초안을 보여드렸을 때 게재를 거부한 경우도 있었습니다. 그만큼 이 문제가 민감하다는 것을 실감했고, 집필 도중 여러 차례 출판을 포기할 뻔했습니다.

이 책은 프레지던트사의 편집자 겸 영업부장인 카츠라기 에이치 씨와의 합작으로 탄생했습니다. 원래 저는 결산서 입문에 대한 책을 기획해 여러 출판사에 보냈지만, 5곳에서 거절당했습니다. 그러던 중 카츠라기 씨와 얘기하다, "서점에 초점을 맞춘 책을 써보면 어떨까요?"라는 제안을 받고 이 책을 쓰기 시작하게 되었습니다.

취재 후 원고에도 여러 차례 조언을 해주셔서 읽기 쉬운 책이 될 수 있었습니다. 다시 한번 감사드립니다.

교정 작업은 슈진샤의 오가와 요시카즈 씨에게 부탁드렸습니다. 그의 깊은 지식과 정확한 문맥 파악 능력에 감탄했습니다. 출판계에서 교정자는 더 큰 평가를 받아야 할 존재라고 생각합니다. 감사합니다.

장정(표지 디자인)은 하타 고지 씨에게 부탁드렸습니다. 보기 좋은 구성과 멋진 표지를 만들어 주셔서 감사합니다.

이 책은 출판계 종사자뿐만 아니라, 서점의 현황을 걱정하는 일반 독자도 염두에 두고 썼습니다. 그래서 가상의 조카 사토시를 등장시켜 일반 독자들이 접하기 어려운 출판계의 내막을 전달하고자 했습니다. 즐겁게 읽으셨기를 바랍니다.

대담 형식은 《미움받을 용기》와 《그대들, 어떻게 살 것인가》에 대한 오마주이며, 독자가 알지만 내용을 잘 모르는 부분을 소개하는 방식은 《담장 안의 고집스런 인간들塀の中の懲りない面々》에서 착안했습니다.

책의 제목도 원래는 《왜, 거리의 서점은 사라져 가는가?》로 하려 했으나, 산요도 서점의 가토 사장과 여러 사람의 조언을 받아 현재의 제목으로 결정했습니다.

이 책에서 제가 취재 대상자들에게 적절한 질문을 할 수 있었던 것은, 질문 전문가 마쓰다 미히로 씨 덕분입니다. 또한 진심으로 관심 가지고 취재 대상자들의 이야기를 들을 수 있었던 것은, 일본 최고의 코치 중 한 명인 미야코시 다이주 씨에게 배운 덕분입니다. 두 분과의 인연에 감사드립니다.

이 책은 북라이터나 AI의 도움 없이 제가 직접 원고로 만들어 냈습니다.

이 책은 저에게 '하나의 점을 잇는 과정'이었습니다. 출판계에서 제가 겪었던 모든 경험이 하나로 이어졌습니다. 제가 사랑하는 출판계에 조금이나마 보답이 되었기를 바랍니다.

이 책에서 소개한 내용 외에도, 일본 곳곳에서 서점을 지키기 위한 시도들이 시작되고 있습니다. 그러나 그 발걸음이 느려 서점의 소멸을 막을 수 있을지는 알 수 없습니다. 이 위기감이 출판계 안팎으로 퍼지길 바라며, 이 책이 독자와 출판계에 도움이 되어 출판 개혁이 가속화되기를 바랍니다.

마지막으로, 출판 도중 여러 차례 좌절했던 저를 격려해 준 아내 기요코에게 감사를 전합니다. 그녀의 조언 덕분에 끝까지 이 책을 완성할 수 있었습니다. 이 책이 사회에 도움이 되길 바라며, 장인 다카하시 마사키, 돌아가신 아버지 고지마 다카시, 어머니 사카에에게도 깊은 감사를 전합니다.

이 책은 사랑받지도 미움받지도 않는, 그러나 누구에게도 아부하지 않는 책이 되었습니다.

그저 읽고 끝나는 책이 아니라, 독자 여러분의 새로운 시작이 되길 바랍니다.

부디 시대에 맞지 않는 제목이 되어, 제가 웃음거리가 되는 날이 오기를 기원합니다.

If you build it, he will come.
2024년 봄, 마쓰야마 도고에서

고지마 슌이치

참고 도서 & 참고 문헌

《文章の鬼100則》川上徹也（明日香出版社）

《会社を潰すな！》小島俊一（ＰＨＰ文庫）

《崖っぷち社員たちの逆襲》小島俊一（ＷＡＶＥ出版）

《だれが〈本〉を殺すのか》佐野眞一（プレジデント社）

《〈若者の読書離れ〉というウソ》飯田一史（平凡社）

《嫌われる勇気》岸見一郎・古賀史健（ダイヤモンド社）

《君たちはどう生きるか》吉野源三郎（岩波文庫）

《塀の中の懲りない面々》安部譲二（文藝春秋）

《さおだけ屋はなぜ潰れないのか？》山田真哉（光文社新書）

《マネジメント》Ｐ・Ｆ・ドラッカー（ダイヤモンド社）

《ローカルブックストアである福岡ブックスキュ…ーブリック》
大井実（晶文社）

《本屋で待つ》佐藤友則／島田潤一郎（夏葉社）

《店は客のためにあり店員とともに栄え店主とともに滅びる》
笹井清範（プレジデント社）

《組織の不条理》菊澤研宗（中公文庫）

《両利きの経営》Ｃ・Ａ・オライリー／Ｍ・Ｌ・タッシュ…マン
入山章栄監訳／渡部典子訳（東洋経済新報社）

《ＵＳＪを変えたたった一つの考え方》森岡毅（ＫＡＤＯＫＡＷＡ）

《顧客起点の経営》西口一希（日経ＢＰ）

《書棚と平台》柴野京子（弘文堂）

《質問は人生を変える》マツダミヒロ（きずな出版）

《コーチング脳の作り方》宮越大樹（ぱる出版）

《塞翁の楯》今村翔吾（集英社）

《湖上の空》今村翔吾（小学館）

〈新文化　２０２３年11月16日号・12月14日号〉（新文化通信社）

〈東洋経済オンライン　２０２３年12月15日配信・12月19日配信〉（東洋経済新報社）

〈商大ビジネスレビュ…ー〉２０２２　AUT　江渕泰子（兵庫県立大学）

《２０２２年版　中小企業白書》（中小企業庁）

《フィールド・オブ・ドリームス》監督・脚本　フィル・アルデン・ロビンソン　製作
ユニバーサル・ピクチャー

〈中小企業の経営力及び組織に関する調査〉（２０１７年12月）（帝国データバンク）

《出版指標年報２０２３》（出版科学研究所）

옮긴이 **양필성**

일본공업대학교 건축학과를 졸업하고, 중앙대학교 신문방송대학원에서 출판미디어를 전공했다. 출판사에서 기획·편집 일을 하던 중 번역의 세계에 발을 딛게 되었다. 현재 다양한 분야에 관심을 가지고 출판 기획자와 전문 번역가로 활동 중이다. 옮긴 책으로 『내가 미래를 앞서가는 이유』, 『이것은 사업을 위한 최소한의 지식이다』, 『평생 돈 걱정 없는 아이로 키우는 부자 수업』, 『그림은 금방 능숙해지지 않는다』, 『말을 못하면 들으면 된다』 등이 있다.

2028 거리에서 서점이 사라진다면

초판 1쇄 발행   2025년 1월 17일

지은이   고지마 슌이치
옮긴이   양필성
펴낸이   서재필

펴낸곳   마인드빌딩
출판등록   2018년 1월 11일 제395-2018-000009호
이메일   mindbuilders@naver.com

ISBN 979-11-92886-72-5 (03300)

마인드빌딩에서는 여러분의 투고 원고를 기다리고 있습니다. 출판하고 싶은 원고가 있는 분은 mindbuilders@naver.com으로 기획 의도와 간단한 개요를 연락처와 함께 보내주시기 바랍니다